SUEÑOS DE AGUA

Joan Pavía

© **Texto:** Joan Domínguez Pavía

© **Edición:** Editorial La Rosella
Avd. Diputaciò, 83
46610 GUADASSUAR (Valencia)

ISBN: 978-84-942697-9-0

Impreso en España por: Byprint Percom, S.L.

Primera edición: mayo 2015

www.editoriallarosella.com

A mis sobrinos Ramón y Puri,
para que sus sueños también sean de agua.

ÍNDICE

PRIMERA PARTE
Al amanecer se mueve a cuatro patas...

1

Amaneció por fin después de mucho tiempo en penumbra. Las gentes salieron de sus casas para disfrutar de los primeros rayos de un Sol perezoso y tardío. Los hombres empezaron a prepararse para salir a buscar comida, las mujeres se reunieron para hablar de los problemas del pueblo y los niños cogieron sus pocos juguetes para disfrutarlos juntos. Hacía tiempo que esperaban aquel momento. La Noche se había prolongado mucho la última vez. Todos andaban faltos de recursos. En más de una ocasión estuvieron a punto de aventurarse a cazar en el bosque. Afortunadamente decidieron ser más cautos y esperar.

Pronto la orilla del Mar se llenó de niños y niñas que chapoteaban en el agua. Aún no era la mejor época para nadar pero tenían tantas ganas de hacerlo que a algunos no les importó enfriarse un poco. Entre ellos había un muchacho acompañado por un viejo. Se dedicaban a mirar el lento ascenso del Sol en el horizonte.

—¿Por qué ha tardado tanto en amanecer esta vez, Maestro? —preguntó el joven.

—Verás, Saulo, en realidad no hay una explicación para ello. Debemos creer que ha sido un castigo.

El viejo se acariciaba la barba mientras hablaba. Saulo no acabó de entender la respuesta del Maestro Filósofo. Cuando estaba a punto de hacerle otra pregunta se acercó a ellos otro viejo.

—Debemos irnos —dijo.

El Maestro se arrodilló para estar a la altura de Saulo.

—Me marcho un tiempo —le explicó al joven—. Tenemos que seguir estudiando las montañas. Cuida de tu madre y de los libros.

Después le besó en la frente y se marchó. Saulo sabía que tenía que irse pero sintió que lo hiciera tan pronto.

Tiempo atrás los Maestros vieron interrumpidos sus estudios en las montañas por una terrible tempestad. La fuerte lluvia fue el inicio de una Noche que se prolongó demasiado. Saulo recordaba ahora aquellos días con una mezcla de amargura y felicidad. Por una parte, las reservas de los alimentos escasearon alarmantemente pero, por otra, le gustaba tener todo el día en casa al Maestro contándole historias y leyendas.

El Maestro vivía en casa de Saulo desde hacía bastante. Se trasladó justo después de que su padre no volviera de una de las últimas expediciones más allá de los Mares. La Ley Sagrada decía que en una casa en la que faltaba un Guerrero debía ser sustituido por un Maestro. Saulo no tardó en preguntar al Maestro la causa del no regreso de su padre.

—Tu padre y el resto de Soldados salieron a navegar por el Mar en busca de otras tierras de las que obtener beneficios —le dijo—. Pretendieron utilizar el Mar como instrumento, como medio de sus objetivos. Eso debió de parecerles a los Dioses algo mezquino y les castigó en consecuencia.

La verdad era que casi todas las respuestas del Maestro eran muy parecidas. Casi siempre mencionaba en ellas a los Dioses y sus voluntades. Ponía especial interés en remarcar que los hombres estaban a su servicio. Sus palabras eran solemnes y llenas de sabiduría. Escucharle y disfrutar eran una misma cosa para Saulo.

¡Cuánto le hubiera gustado poder acompañar a su amigo a las montañas! Ser su ayudante, aprender más sobre el mundo que le rodeaba. Pero bien sabía Saulo que eso era imposible. Los trabajos de exploración eran competencia de los Maestros y estaba prohibido por la Ley Sagrada que nadie más los llevara a cabo. ¡Cuánta envidia le producía verles cargando sus caballos con bolsas llenas de objetos maravillosos! Balanzas, telescopios, lupas, martillos...

Por eso Saulo se aplicaba mucho en sus estudios. Quería convertirse en Maestro para poder conocer de primera mano las cosas que estaban a su alcance, para saber todas las historias y leyendas de sus antepasados, para poder enseñar a otros sus conocimientos, para demostrar su sabiduría.

Lo único que le frenaba en su empeño era la expresión de su madre cada vez que le hablaba de ello. A Judith, así se llamaba ella, le entristecía el hecho de que su hijo no quisiera seguir los pasos de su padre como Guerrero. Pero como no quería desilusionar a su hijo no se lo decía directamente. Judith era consciente de que el Maestro influía, y mucho, sobre él y de que era casi imposible convencerle. Así pues no iba en contra de sus deseos aunque no dejaba pasar la menor oportunidad para insinuarle que haría mejor en dedicarse a ser Soldado.

—Hijo mío, para ser Maestro tendrás que pasar mucho tiempo estudiando y leyendo libros —le dijo en cierta ocasión—. ¿No sería más fácil que te prepararas para ser Guerrero? Sólo tendrías que superar unas cuantas pruebas físicas y ser aceptado por el Consejo Militar.

—Pero madre, yo prefiero pasar mi tiempo leyendo sobre las Ciencias y las Artes que corriendo por las llanuras y ensayando golpes con una espada.

A Saulo le enfadaba un poco la actitud de su madre pero entendía que ella quisiera hacer de él un hombre fuerte y valeroso, como su padre.

Uno de aquellos últimos días de tormenta Saulo le preguntó al Maestro Filósofo:

—Maestro, ¿por qué quiere mi madre que yo sea Guerrero?

—Creo que ella desea de ti que desarrolles tu cuerpo y tu mente de la misma manera que lo hizo tu padre —contestó él.

–Pero él no tuvo éxito en sus objetivos: no volvió de aquella expedición.

–Precisamente por eso quiere que tú seas Guerrero. Tu madre desea que consigas lo que tu padre no pudo alcanzar.

–¿Es que ella quiere que yo muera como él?

–De ninguna manera debes pensar eso, Saulo. Tu madre te ama sobre todas las cosas. Ella sólo quiere lo mejor para ti.

Saulo quedó confuso después de aquella conversación y no volvió a preguntar más sobre el tema. Siguió en su afán por convertirse en Maestro aún sabiendo que eso podía ser motivo de disgusto para su madre.

* * *

Cuando el Sol estaba en lo más alto sonaron las notas de un tambor que anunciaba el inicio de la Asamblea de Mujeres. Saulo asistió a ella emocionado. En aquellas Asambleas se reunían Las Siete Mujeres encargadas de la organización del pueblo. Hablaban de los problemas, discutían y proponían soluciones. Además, dejaban al final hablar a representantes del pueblo que siempre decían cosas de las que ellas se olvidaban.

Aquella Asamblea era muy importante: debían evaluar la gravedad de los daños producidos por las tormentas. Aparte se rumoreaba que iban a ordenar el inicio de una nueva expedición.

Cuando todo el pueblo estuvo reunido en la Plaza una de Las Siete Mujeres se levantó para dar inicio a la Asamblea:

–Hacía mucho tiempo que no nos reuníamos. La Noche y las pésimas condiciones meteorológicas lo impidieron. Pero hoy, gracias al Sol salvador y a la luz que nos alumbra podemos emprender de nuevo nuestra tarea organizativa. Puede dar comienzo la Asamblea.

Dicho esto tomó asiento y se levantó otra de las Mujeres. Ésta era una conocida de Saulo. Siempre tenía palabras amables para él. Era muy respetada por todos. Se llamaba María.

—Pueblo de Calambur. El Día nos ha traído desgracias aparte de felicidad. Las lluvias y los vientos han causado graves daños en nuestras plantaciones y campos. Incluso algunas casas han sido parcialmente derribadas.

Entre el público se levantó un joven que parecía nervioso.

—¿Es que están los Dioses enfadados con nosotros?

Todos le miraron. Saulo pensó que había sido muy osado al interrumpir a una de las Mujeres. En seguida un Soldado se acercó al joven y le obligó a sentarse. El público rompió su silencio. Todos empezaron a hablar. ¿Y si tenía razón? ¿Por qué habían sido castigados? ¿Qué habían hecho mal? La Mujer que tenía el turno de palabra trató de tranquilizarlos.

—Por favor, por favor. Es normal que estén nerviosos pero deben conservar la calma. Escúchenme. Quizá hayamos incurrido en una falta al pretender buscar más tierras fuera de nuestras fronteras pero creemos que ésa no es la razón. Ya pagamos nuestro descaro con la pérdida de todo un Ejército de Guerreros que pereció ahogado en el Mar. Las tormentas y la Noche no son más que una manifestación de la Naturaleza a la que no debemos tener miedo.

—Ustedes siempre dicen lo mismo —dijo otro—, pero ¿qué debemos hacer? ¿Quedarnos parados? ¿Esperar con los brazos cruzados a que crezcan frutas y verduras en esos terrenos llenos de barro que nos ha dejado la Noche? ¿Cómo vamos a sobrevivir?

La Mujer siguió hablando.

—Sabemos que nuestros cultivos han sido dañados pero debemos ser pacientes e iniciar de nuevo su replantación. Es un esfuerzo que debemos hacer todos juntos. Sólo así conseguiremos salir adelante.

Uno más se apuntó al diálogo.

–¿Y no sería más fácil salir en busca de nuevas tierras?

Las Mujeres se miraron entre ellas. Esta vez fue la más veterana de todas la que se levantó ayudada por su bastón. El pueblo la escuchó muy atentamente.

–Quizá nos resulte difícil admitir que los Dioses quieran que nuestro destino empiece y acabe aquí mismo: al lado de este Mar prohibido y protegidos por esas altas colinas inalcanzables. Debéis creerme cuando os digo que sólo la unión de todos, nuestra voluntad común y el esfuerzo compartido nos sacarán de la desgracia en la que ahora estamos.

–¿Y qué hay de los rumores de una nueva expedición? –preguntó alguien.

La vieja Mujer continuó:

–No se trata de una nueva expedición, como tú dices. Creo que éste es un buen momento para dar la noticia.

Después de decir esto miró al resto de Mujeres buscando su aprobación. Todas asintieron.

–Pueblo de Calambur; tengo el placer, tengo el inmenso placer de anunciaros que nuestros Maestros han calculado que la Ciudad de Agua emergerá del Mar dentro de no mucho tiempo. Por ese motivo hemos decidido formar a un grupo de ciudadanos para que se encarguen de la supervisión de la Ciudad a su debido momento.

Como puestos de común acuerdo se levantaron todos a la vez y aplaudieron con energía y entusiasmo las palabras de la más veterana de las Mujeres. Después de eso no hubo más preguntas. A todos se les olvidó de repente el disgusto por carecer de alimentos y la pena por sus bienes estropeados.

Saulo fue uno más de los que salió de la plaza con una sonrisa en la cara. Estaba contento por volver a ver la Ciudad de Agua. Los recuerdos que tenía de ella eran muy gratos y felices.

Mientras caminaba de vuelta a casa pensaba en la posibilidad de presentarse a las pruebas para ser uno de los supervisores de la Ciudad de Agua. «Quizá no me acepten —se dijo—, soy demasiado joven. Buscarán a gente mayor y con experiencia». Cuando vio a su madre se lo dijo:

—Madre, ¿cree que me cogerían si fuera a las pruebas para ser supervisor?

Judith se extrañó.

—¿A qué viene esa repentina vocación?

—He pensado que sería divertido.

—Limpiar y rehabilitar la Ciudad de Agua no es una tarea divertida.

—Quizá necesiten a alguien para que se meta en pequeños agujeros o algo así.

Ambos rieron. A Judith no le pareció una idea tan descabellada. Pensó que quizá ése sería el inicio de que a su hijo le despertara el interés por ser Soldado.

Qué lejos estaba entonces Saulo de saber que su misión en la Ciudad de Agua consistiría en algo más que en supervisar sus estrechas alcantarillas.

2

Los Maestros más jóvenes terminaban de montar el rudimentario campamento mientras los viejos hurgaban ya el suelo en busca de descubrimientos. Apenas habían descabalgado de sus caballos se habían puesto manos a la obra. Estaban ansiosos por continuar la labor interrumpida por las lluvias. Establecieron el campamento en la falda de una de las más altas montañas de la sierra. La llamaban Sinaí como homenaje a un monte cuyo nombre aparecía en un libro encontrado por los Maestros siglos atrás. Casi todos los nombres de ríos, lagos, montañas etc. Provenían de ese libro. Incluso había personas que bautizaban a sus hijos con nombres extraídos de ese libro. Josué, Caín, María Magdalena, Isaac... Los Maestros eran los encargados de mantener estas tradiciones y de transmitirlas de generación en generación. Hacer eso y estudiar e investigar vestigios del pasado eran algunas de sus competencias.

Últimamente habían aparecido algunas discrepancias con respecto al trabajo de los Maestros. Unos cuantos Soldados se presentaron en una Asamblea de Mujeres dispuestos a exigir una serie de privilegios. Uno de ellos era el de colaborar en las tareas de búsqueda, rastreo y excavación de los Maestros. Alegaban para ello que se aburrían mucho en el pueblo sin misiones ni expediciones que preparar o emprender. En parte tenían razón; hacía mucho que los Soldados no formaban parte de la población activa de Calambur. Desde las diversas desgracias acaecidas en ultramar sus competencias se habían reducido bastante. Habían sido relegados a ser defensores de la paz y la justicia en el pueblo y a ser emisarios entre los pueblos de la zona. «Simples mensajeros», dijeron algunos. Desde aquella Asamblea en la que mostraron sus quejas se les permitió colaborar en las investigaciones de los Maestros pero sólo en calidad de Guardianes y defensores. Ellos se mostraron satisfechos y no se quejaron más.

Los que sí se mostraron molestos con la decisión de la Asamblea de Mujeres fueron los Maestros. Ellos tuvieron que admitir a regañadientes la compañía de los Soldados. Los Maestros, celosos de sus progresos en los descubrimientos, no veían bien que unos hombres que se dedicaban a desarrollar su fuerza estuvieran allí, a su lado en las montañas. «Los Maestros, absortos en nuestros estudios, concentrados en nuestros hallazgos y los Soldados, perdiendo el tiempo vigilando la zona y molestándonos cada dos por tres». Eso fue lo que llegó a pensar algún Maestro cascarrabias. Otro, más práctico, dijo en su favor: «Miradlo de esta manera; nos ayudarán con el transporte de los baúles y prepararán sabrosas comidas». Efectivamente, los Soldados eran unos expertos cocineros y les deleitaban a diario con maravillosos manjares. De este modo ambos bandos colaboraron juntos en la complicada tarea de descubrir las maravillas que se escondían bajo tierra u ocultas en alguna parte. Soldados y Maestros trabajaban codo con codo. Milicia y Ciencia se dieron la mano por el bien de Calambur.

* * *

Transcurrió un tiempo y los Maestros estaban descontentos con los descubrimientos llevados a cabo en las montañas. El Sol llegó a calentar bastante algunas veces y eso les fatigó mucho. Lo más importante que hallaron fue: un par de anteojos sin cristales, algunos recipientes hechos de un material muy resistente, baldosines de cerámica y unas cuantas prendas de vestir inservibles.

—¡Pantalones! —se extrañó uno de los Maestros— ¿Para qué querían pantalones con lo cómodas y bonitas que son nuestras túnicas?

Ante el escaso interés de los hallazgos decidieron que pronto volverían al pueblo.

—La próxima vez subiremos más alto, quizá en la cima encontremos más cosas.

Cuando casi estaban a punto de empezar a recogerlo todo, uno de los Soldados llegó corriendo al campamento. Gritaba algo que nadie entendía. A su nerviosismo se añadía el hecho de que era tartamudo, así que pasó un buen rato antes de que pudiera explicarse correctamente.

—Hu–hu–huesos, he–hemos encontrado hu–huesos.

Pronto todos los Maestros se dirigieron a la misma fosa donde habían estado trabajando. Encaramados en lo alto pudieron ver a uno de ellos que amontonaba en una pila una serie de huesos. Había incluso cráneos o algo parecido.

Determinaron que lo mejor era que un par de Soldados los llevaran al pueblo para que allí fueran analizados por expertos en la materia.

—El resto nos quedaremos aquí un poco más, quizá en la fosa haya más huesos —dijo el Maestro Botánico.

—Nos estableceremos por turnos, así el trabajo será más efectivo.

—De acuerdo, vosotros tres y vosotros...

Uno de los Soldados que estaba allí alertó a los Maestros.

—Perdonen que les interrumpa pero recuerden que queda poco para que acabe el Día. La Noche se avecina y quién sabe cuánto tiempo nos queda de luz. La última vez ya saben lo que pasó...

Casi todos los Maestros se sonrojaron. Se sintieron profundamente avergonzados. Para ellos fue una deshonra no haber sabido calcular el tiempo que duraría la última Noche. Se suponía que eran los más sabios y no podían cometer errores.

—El Soldado tiene razón —dijo el Maestro Químico—. Lo mejor será que sigamos con los planes de abandonar la zona. Ya volveremos aquí la próxima vez.

—Pero ¿y los huesos? —dijo otro.

—Los huesos han estado aquí durante siglos, no creo que decidan cambiar de sitio ahora.

El Filósofo escuchaba a sus compañeros con atención pero en riguroso silencio. Pensaba en la trascendencia que podían tener aquellos huesos sacados de las entrañas de la tierra. Él fue ayudante en su juventud de un Paleontólogo y pudo reconocer al instante que un par de cráneos eran humanos pero había otros cuya forma no acertó a distinguir. Un escalofrío le recorrió el espinazo cuando pensó que podía tratarse de seres hostiles. Quizá allí mismo, en las montañas, siguieran viviendo aquellas criaturas. Trató de calmarse ordenando sus instrumentos en su baúl.

«Hay tantas cosas que no sabemos. Desconocemos tanto de lo que nos rodea –pensaba mientras tanto–. Somos unos infelices al tratar de descubrir por aquí todo lo que hubo hace siglos. ¿No será malo lo que hacemos? ¿No ofenderá a los Dioses? Nos guiamos por la voluntad de saber más acerca de nuestros antepasados. ¿Pero de qué nos sirve descubrir sus ropajes, sus utensilios de cocina, sus pertenencias? Seguro que si me oyera alguno de mis compañeros me trataría de loco. Lo cierto es que llevo muchos años rebuscando en el barro y sólo he encontrado barro».

* * *

Los calambureños se agolpaban en la plaza para dar la bienvenida a los Maestros y Soldados que volvían de la investigación en las montañas. Se decía que habían hecho un hallazgo importante pero nadie sabía a ciencia cierta de qué se trataba. Todo lo que descubrían los Maestros se mantenía en secreto hasta que lo revelaban a las Siete Mujeres. Entonces y sólo entonces podía hacerse público.

Se decidió festejar el hecho no sólo en honor de los Maestros sino, además, como celebración de la llegada del buen tiempo. Un grupo de jóvenes se dispuso a tocar flautas y tambores a las puertas del Templo. Los niños prepararon juegos en los que todos pudieran participar. Se sirvieron algunas mesas con comida y bebida. Las mujeres y los hombres bailaron hasta quedar exhaustos. Saulo buscó entre el gentío a su amigo, el Filósofo.

—¿Cómo ha ido todo, Maestro? —le preguntó.

—Muy bien, Saulo, muy bien. Pero no me tires de la lengua. Ya sabes que no puedo decir nada hasta que informemos a las Mujeres.

—Ya sé que no puede decirme nada pero estoy impaciente. Sólo dígame si han descubierto algo maravilloso.

El viejo meció su barba.

—Pues la verdad es que no sé qué decirte, Saulo. Aún tendremos que esperar.

—Me ha dicho el hijo de un Soldado que trajeron unas bolsas llenas de huesos, ¿es eso cierto?

—Anda, anda, deja de hacer preguntas y ve con tus amigos a saltar a la cuerda.

Los primeros en retirarse a sus casas fueron los Maestros y Soldados de la expedición ya que estaban muy cansados. Saulo acompañó al viejo. Al entrar en casa vieron a Judith.

—Pero mujer —le dijo el Maestro—, ¿por qué no estás en la plaza? Hay música y baile.

Judith intentó poner cara de resignación.

—Ya sabe usted que no me gustan las fiestas —dijo.

—Eso no es verdad, yo te recuerdo en algunas celebraciones riendo como la que más.

Saulo se sentó en una esquina de la habitación y oyó disimuladamente la conversación entre el Filósofo y su madre.

—Desde que él no está no tengo ganas de celebrar nada.

El viejo pareció comprender.

—Pues aún eres muy joven y muy bella para quedarte sola en casa. Apuesto a que apenas has salido en estos días de Sol.

Judith asintió.

* * *

Los últimos momentos de luz fueron aprovechados por los habitantes de Calambur para proceder al reparto de comida. En la plaza se reunían todas las familias que mostraban las piezas que habían cazado y los alimentos de la tierra que habían podido recoger en sus campos. Posteriormente un par de Maestros Matemáticos procedían a repartirlo todo entre las familias. Procuraban que el reparto fuera equitativo pero tenían en cuenta el número de miembros de la familia y si había viejos o niños en la casa. Cada uno se llevaba lo suyo en una carreta y todos contentos. De esta manera se compensaba el hecho de que algunas de las familias no hubieran podido reunir suficiente comida por culpa de la falta de medios para cazar o cultivar. Justo esto pasaba en casa de Saulo. Él era demasiado joven para salir a cazar con lo que sólo podían aportar al reparto las verduras, frutas y hortalizas que Judith cultivaba en su trozo de tierra.

En esta ocasión, tal y como se preveía, no había mucho que repartir. Las lluvias de la última Noche dejaron en muy mal estado los campos y los alrededores quedaron prácticamente vacíos de ganado. Uno de los Maestros daba instrucciones a la población:

—No abuséis de la comida, consumidla poco a poco. Recordad que esta vez las reservas son escasas. Guardad la carne en el lugar más fresco de la casa y conservadla entre hierbas. Sed previsores y acordaos de lo que pasó la última vez. Muchos de vosotros pasasteis hambre por culpa de no haber administrado bien vuestros alimentos.

Muchas veces se había hablado en las Asambleas del problema de la comida. Casi todos estaban de acuerdo en que les sería más fácil y productivo poder criar animales en las casas. Esto sería una gran ventaja ya que no haría falta salir a cazar cada vez. Pero la voluntad popular se enfrentaba, como en tantas otras cosas, a la Ley Sagrada. Ésta prohibía terminantemente la apropiación privada de animales. «Las criaturas de la Naturaleza deben vivir en plena libertad en ella. El hombre sólo cazará animales con la finalidad de alimentarse de ellos», decía uno de los versículos referentes a esta Ley. Así pues, la dieta de los habitantes de Calambur estaba basada fundamentalmente en vegetales. Se podría pensar (algunos así lo hacían) que una fuente de ayuda inestimable era el Mar: rebosante de grandes peces de carne sabrosa. Pero, una vez más, la Ley Sagrada tenía algo que decir. «Nadie podía causar la más mínima afrenta al Mar. Esto incluía no tirar escombros ni basuras en él, no utilizarlo como zona de recreo y esparcimiento y, por supuesto, no pescar en sus aguas». Cualquiera que incumpliera alguno de estos preceptos quedaba condenado a sufrir la ira de los Dioses y sería, además, castigado con el destierro. Pero lo que era más importante: si los Dioses se consideraban ultrajados de alguna manera por los hombres podrían penarles con la desaparición de la Ciudad de Agua en una larga temporada. Algunos contaban historias en las que esto mismo sucedía. Sólo un gran sacrificio podía restaurar la confianza de los Dioses en los hombres.

Así que en Calambur no tenían más remedio que conformarse con las zanahorias, las patatas, las lechugas... Manzanas, peras, naranjas... Legumbres, cereales, trigo... No les importaba renunciar a una abundante alimentación si con ello conseguían el beneplácito de los Dioses.

3

Como era costumbre, los habitantes de Calambur se reunieron en el Templo para conmemorar el final del Día. El

Templo era el edificio más antiguo del pueblo. Se decía que fue lo primero que construyeron sus antepasados al llegar a aquel territorio. Alrededor del Templo se fueron erigiendo las casas y cabañas hasta formar lo que ahora era Calambur. El Templo estaba hecho con un tipo de piedra que no se conocía por aquellos lugares. Carecía de decoración tanto en su exterior como en su interior. Delimitando el contorno del patio, de forma rectangular, había una hilera de altas columnas. En el centro estaba colocada la fuente donde todo el mundo debía lavarse las manos antes de empezar la ceremonia. Saulo acudía allí agarrado a las faldas de su madre con cierto miedo. Veía a las gentes con sus caras serias y solemnes, todos callados, y eso le asustaba. Poco a poco se fueron colocando todos en el patio. El silencio reinaba en el templo. Una corriente de aire removió las túnicas de algunos. Todos permanecían con las manos juntas sobre el pecho y mirando al suelo. De pronto comenzó a oírse un rumor sordo al que se fueron sumando todos y cada uno de ellos. Pronto el silencio quedó roto por aquella larga oración que pronunciaba el pueblo de Calambur. Saulo, que era un olvidadizo sin remedio, se perdía a veces y tenía que mirar a la cara de su madre para saber en qué punto estaban de la oración.

Este rito dedicado a los Dioses tenía una doble finalidad: en primer lugar agradecían el tiempo de Sol que los Dioses les habían otorgado. En segundo lugar, rogaban a los Dioses que la Noche no fuera demasiado larga ni dura, que no se les castigara con ningún mal y que no les faltara de nada. Además prometían no molestarles ni enfadarles con malas acciones. Aquellas palabras que pronunciaban entre dientes se juntaban en el medio del patio y subían lentamente hacia el cielo. Allá donde los Dioses podían oírlas.

De repente, el rumor cesó. La oración había llegado a su fin. La ceremonia había terminado. Contentos y esperanzados fueron saliendo todos del Templo. Allí se volverían a reunir al final del próximo Día. Todos deseaban que ese momento llegara pronto.

* * *

Ya en casa, Saulo, Judith y el Maestro disfrutaban de la comida que les había tocado en el reparto. La cena no era muy abundante pero nadie se quejaba. Saulo no dejaba de hablar y hacer preguntas.

—Madre, ¿de quién son estas zanahorias? Saben diferente de otras veces.

—Las que nosotros comíamos normalmente eran de los campos que hay bajo la colina pero las lluvias los han sepultado prácticamente. Éstas son de Esther, la madre de tu amigo Abel.

Saulo se mostró ofendido.

—Abel no es mi amigo. Se pasa el tiempo corriendo de acá para allá con los otros. Se creen que ya son Guerreros y andan siempre haciendo tonterías.

—No debes menospreciar el instinto guerrero —dijo con voz pausada el Maestro—. Ellos serán quienes defiendan nuestro pueblo en el futuro. Tal y como hacía tu padre.

Judith dejó de comer y se levantó de la mesa para azuzar el fuego de la chimenea.

—Pero Maestro, nunca nos ha atacado nadie. ¿De qué sirven entonces los Soldados?

La madre se puso furiosa.

—¡Saulo! ¿Pero qué manera de hablar es ésa?

—Tranquila, mujer, no te exaltes. Verás, Saulo, tú eres muy joven y, por suerte para ti, no has conocido ninguna guerra. Pero yo soy viejo y ya he visto alguna. Te puedo asegurar que no son un espectáculo agradable. Gracias a los Guerreros nos hemos mantenido libres y...

Antes de que pudiera terminar fue interrumpido por Judith.

–Venid, venid, no os perdáis esto.

El Maestro y Saulo se acercaron a la ventana. Lo que podía verse era maravilloso: semioculto tras las montañas el Sol empezaba a agonizar ya entre las copas de los árboles más altos, viejos y frondosos. Saulo sonrió.

Empezaba la Noche.

* * *

La vida en Calambur durante la Noche resultaba algo más triste y aburrida que durante el Día. A los niños les estaba prohibido alejarse del pueblo. Las actividades que se realizaban eran prácticamente nulas. Sólo se veía a los Soldados patrullando por las calles a la luz de sus antorchas.

Durante la Noche las reuniones de Maestros se multiplicaban. Al parecer aprovechaban la oscuridad para darles un aire de misterio. Pero esto no era así puesto que todos sabían que se juntaban para hablar de sus cosas, discutir sobre sus pensamientos... Cosas realmente aburridas para la mayoría. No así para Saulo, quien, de vez en cuando, lograba convencer al Maestro para que le dejara acompañarle.

–Por favor, por favor, por favor, por favor –le suplicaba.

–Está bien, está bien –se rendía el Maestro.

No había un lugar fijado para las reuniones. Solían celebrarlas en sus propias casas. Cada vez acudían a una distinta. También iban muy a menudo a un edificio llamado la Academia. Era una construcción bastante simple sólo que del tamaño de unas diez casas. Era casi tan grande como el Templo. Allí se guardaban todos los libros de uso público ya que había algunos que, como decían los propios Maestros: «Sólo podemos entender nosotros».

Saulo quedaba maravillado cada vez que entraba allí. «Debe haber miles de libros», pensaba. En una de las habitaciones de la Academia se sentaban los Maestros en sus sillas de madera (llamadas cátedras) a charlar tranquilamente a la luz de unas velas. Saulo sabía que no era bien recibido por algunos Maestros gruñones y trataba de hacerse notar lo menos posible.

—¿Has vuelto a traer a este renacuajo? —preguntó alguien.

Saulo se enfadaba: no era un renacuajo.

—Al chico le gusta escucharnos. Quién sabe si de mayor será uno de nosotros.

Antes de empezar el diálogo uno de los Maestros se encargaba de leer unas líneas del libro que contenía la Ley Sagrada. Eso daba solemnidad al encuentro y algunas veces servía como punto de partida para la conversación.

—Todo hombre que respete y venere a los Dioses podrá ser tratado como hombre libre y, como tal, gozará de los privilegios que esto supone. —leyó el Maestro Literato.

—Nunca he estado de acuerdo con ese precepto de nuestra Ley —dijo el Filósofo.

Algunos se mostraron alarmados.

—¿Cómo puedes decir eso?

—Simplemente digo que no estoy de acuerdo.

—¿Exactamente en qué consiste tu desacuerdo con el versículo?

—Veamos, aparentemente ¿qué es lo que en nuestro pueblo diferencia los hombres libres de los que no lo son?

—Lo que los diferencia en cualquier parte. Los que no son libres viven apartados de nosotros, encerrados en las prisiones —se apresuró en contestar el Gramático.

—¿Y cuál es la razón de su encarcelamiento? –preguntó de nuevo.

—Parece que no ha escuchado usted lo que le he dicho, acabo de leer...

—Ya, ya sé lo que ha leído, pero conteste.

—Está bien claro. Todo aquel que atente contra los Dioses directa o indirectamente es castigado por nosotros con la cárcel.

—Se le quita el privilegio de ser un hombre libre –agregó otro.

—No goza de las virtudes y gracias que nos conceden los Dioses –dijo uno más.

—Bien –prosiguió el Filósofo–, no voy a cuestionar que los Dioses nos recompensen por nuestra admiración...

—Siempre fuiste un Maestro raro –dijo uno.

—Haré como si no te hubiera oído. Según lo que hemos dicho podemos extraer la siguiente conclusión: los hombres somos libres gracias a que respetamos a los Dioses y no libres por culpa de no hacerlo.

—¿Dónde quieres llegar? Creo que hasta tu joven amigo se está aburriendo.

Nada más lejos. Saulo estaba entusiasmado con lo que decía el Filósofo. Hasta tuvo ganas de intervenir un par de veces pero sabía que no podía hacer eso. El Filósofo prosiguió.

—¿No os dais cuenta de que la gracia de ser libres nos la dan los Dioses y el castigo de encarcelar a alguien es algo que damos los propios hombres?

Algunos fruncieron el ceño.

—¿Qué autoridad tenemos nosotros para determinar quién es libre y quién no lo es?

—Olvidas la Ley Sagrada. No es un capricho privar a nadie de sus derechos como hombre libre. Simplemente cumplimos con esa Ley que, poco a poco, hemos ido aceptando y poniendo en práctica.

La conversación derivó en un cruce entre el Filósofo y uno de los que menos simpatía le tenía..., el Literato. Casi siempre acababan discutiendo.

—¡Pero la Ley es injusta! —gritó una voz desde un rincón de la habitación.

—¿Esto es lo que enseñas a tu amigo? —le recriminó al Filósofo uno de los maestros.

—Dejad hablar al niño. Di, Saulo, ¿por qué dices que la Ley Sagrada es injusta?

—Opino, al igual que el Maestro Filósofo, que no deberían ser los hombres quienes privaran de libertad a sus semejantes. Si realmente alguien atenta contra los Dioses ¿por qué no son ellos quienes les castigan?

En la habitación se produjo un gran silencio. No es que nunca se lo hubieran preguntado, no es que nunca hubieran llegado a tal conclusión. Lo que realmente les intrigaba era que un muchacho de tan corta edad hubiera llegado por sí solo a tal pensamiento. Pronto los más escépticos y confiados emitieron sus juicios.

—Seguro que le has aleccionado para que diga eso —dijo alguien al Filósofo.

—Tú le has metido todas esas ideas en la cabeza —añadió el Literato.

—Hombre, está bien que le hables de algunas cosas, sobretodo si el chico parece listo, pero de ahí a que se crea esas tonterías...

—Eso es lo peligroso, que se lo crea, que se lo crea.

El Filósofo saltó enfurecido.

—¡No puedo creer lo que estoy oyendo! ¡Un muchacho emite uno de los juicios más lúcidos que he podido escuchar de boca de nadie y vosotros le cuestionáis de ese modo tan inmerecido!

–Tampoco es para tanto, amigo, no te exaltes. Sabemos que pasa mucho tiempo contigo, hay que comprender que esté un poco loco.

Algunos emitieron unas sonoras carcajadas como burla.

–Vámonos, Saulo, en esta habitación empieza a faltar el aire.

El Filósofo cogió a Saulo de la mano y se lo llevó consigo. Andando por las oscuras calles el chico preguntó:

–Maestro, ¿he ofendido a alguien con mis palabras?

El viejo le miró con cara de ternura.

–Nada más lejos, jovencito, sólo les has sorprendido un poco.

–Algunos parecían enfadados.

–No te preocupes, sólo son unos viejos que se creen que lo saben todo.

Saulo siguió preguntando.

–¿Y a usted?

–¿Cómo?

–¿Le he ofendido a usted?

–En absoluto.

–Si quiere dejaré de acompañarle a las reuniones.

–De eso nada. Es más, a partir de ahora vendrás a todas ellas.

Saulo aún no lo podía comprender pero el Maestro estaba tan orgulloso de él que había decidido en aquel mismo momento que sería su discípulo. Normalmente los Maestros tomaban a su cargo a un grupo de jóvenes para instruirlos en las Ciencias y las Artes. Sólo algunos renunciaban al gusto de enseñar a muchos por el esfuerzo de centrarse sólo en uno. El muchacho que era elegido para ser discípulo único de un Maestro podía considerarse un privilegiado. Recibía de él todos sus conocimientos y podía disfrutar de sus enseñanzas en exclusiva. El Filósofo, siendo joven, también fue elegido discípulo por un Maestro Paleontólogo.

En cuanto llegaron a casa se acostaron en sus camas. Judith ya hacía rato que dormía. Al Maestro le costó conciliar el sueño. Tenía ganas de comunicar a Saulo su decisión. Pero debía ser paciente. Antes de eso debía someter al muchacho a una serie de pruebas sin que éste se diera cuenta. Debía comprobar que realmente merecía ser su discípulo.

4

Recién levantado era costumbre de Saulo salir a la calle a dar un paseo. Algunas veces acudía allí donde estaban sus amigos y compartía con ellos un rato de juego. A pesar de que la Noche había alcanzado su negritud más intensa la vida en Calambur seguía en marcha. La oscuridad no impedía que las gentes salieran a las calles. A lo largo del tiempo se había desarrollado un completo sistema de iluminación a base de antorchas y lámparas de combustibles naturales.

Concentrado en su trabajo vio Saulo a un amigo suyo. Se trataba de Miguel, Artesano del hierro. Su labor consistía en fabricar armas y utensilios para los Soldados. Saulo le saludó:

–Hola, Miguel.

Miguel se alegró de ver a su joven amigo.

–Hola, Saulo, pasa, pasa, no te quedes en la puerta.

Las antorchas de la habitación alumbraban un montón de cachivaches que se acumulaban aquí y allá. Había cascos, escudos, corazas... El metal refulgía bajo la luz del fuego. Amontonadas sobre las mesas se veían toda clase de hachas, mazas, dagas, espadas, cuchillos... toda suerte de afilados y peligrosos utensilios.

—¿Qué estás haciendo? —preguntó Saulo.

Miguel pulimentaba la superficie de un escudo con un trapo para metal.

—Estoy preparando algunas armas que me han pedido. ¿Me ayudas?

No era la primera vez que Saulo ayudaba a su amigo. Cogió un cuchillo y afiló un trozo de madera. Aquello serviría para hacer la punta de una lanza.

—¿Has hecho algo nuevo? —preguntó Saulo.

Miguel abrió un cajón y sacó una espada envuelta en una tela.

—Mira —dijo—. Puedes cogerla.

Saulo quedó maravillado. Se trataba de una espada un tanto extraña. Su peculiaridad consistía en que su hoja se ensanchaba al final del filo terminando en una punta muy abierta.

—Lo llamaban alfanje —explicó Miguel—. Lo usaban los orientales hace miles de años.

—Es parecida a un sable —observó Saulo.

A pesar del gusto que tenía Saulo por las espadas, sus armas favoritas eran las hachas. Colgada en la pared vio una e intentó cogerla. Tal como la agarró de su soporte se le cayó al suelo.

—Pesa mucho —se quejó.

Miguel le ayudó con ella y la devolvió a su lugar.

—Aún no puedo comprender cómo quieres ser Maestro con lo que te gustan las armas —dijo Miguel.

—Hombre, una cosa es admirarlas y otra muy distinta es utilizarlas —respondió Saulo.

Después de esto siguieron con lo suyo.

—¿Quiénes te han pedido las armas? —preguntó Saulo.

—Son para los Soldados. ¿Para quién si no?

—Entonces, ¿es verdad que están preparando una expedición?

Miguel miró a su amigo con gesto de extrañeza.

—¿Qué? ¿Quién te ha dicho eso?

—No sé. Lo he oído por ahí.

—No, qué va. Los Soldados necesitan las armas para entrenarse. Recuerda que los Maestros han pronosticado que dentro de poco emergerá la Ciudad de Agua.

—¿Y?

—Pues que cuando vayamos todos allí algunos Soldados se quedarán aquí.

—Para proteger el pueblo de posibles ataques ¿no?

—Exactamente.

Saulo le dijo a su amigo que tenía que irse.

—Bueno, ya nos veremos.

Miguel suspiró aliviado. «Menos mal —se dijo—, casi se me escapa. Un poco más y meto la pata».

Saulo siguió su paseo a lo largo de las calles de Calambur. Apostados a las puertas de una casa vio a unos cuantos conocidos. Entre ellos estaba Abel, un chico con quien Saulo nunca había hecho buenas migas.

—¿Qué estáis tramando? —les preguntó.

Uno de ellos le ordenó que callara.

—Acércate —le dijo.

En voz muy baja, casi susurrando, Abel le confesó lo que estaban planeando.

—Júrame que no lo dirás a nadie.

Saulo puso su mano derecha en la parte izquierda del pecho en señal de promesa.

—Vamos a ir a la casa del Paleontólogo.

A primera vista esto no parecía muy emocionante.

—Sabemos que esta noche se van a reunir los Maestros para hablar de los huesos que encontraron en la investigación. Quizá digan dentro de poco de qué son.

Saulo no comprendía.

—Nosotros entraremos en su casa y robaremos los huesos.

—Pero ¿qué dices? —gritó Saulo.

—¡Chisssst! ¡No hables tan alto!

Ya más calmado dijo:

—Abel, ¿para qué queréis esos huesos? ¿Qué utilidad pueden tener?

—No los queremos para nada. Sólo los esconderemos un tiempo y luego los devolveremos a su lugar.

—¿Te imaginas la cara que pondrán cuando vean que no los encuentran? —dijo uno.

Saulo no veía ni pies ni cabeza a la propuesta de sus amigos.

—Pero eso es una tontería, os pueden castigar muy severamente si os descubren.

Los muchachos vieron que Saulo no estaba muy por la labor.

—Mira, tú haz lo que quieras, nosotros vamos esta misma noche a casa del Paleontólogo. Sobretodo no se lo digas a nadie —dijo Abel.

Saulo se fue a su casa dejando atrás a los chicos. Abel era uno de los más conflictivos del pueblo. Solía ser el causante de muchas travesuras. En realidad éstas no solían ser muy graves pero siempre había alguien que salía mal parado de ellas. Saulo lo sabía y por eso no quiso tener nada que ver con el asunto. Llegó a casa decidido a pasar un buen rato leyendo algún libro. Su madre estaba allí tejiendo junto a la ventana. En cuanto vio entrar a su hijo le ordenó:

—Saulo, ponte inmediatamente a fregar la loza.

El chico obedeció a regañadientes. Aquella era una de las cosas que más le desagradaban.

—Y ten cuidado —le previno Judith—, no rompas ningún vaso. Que últimamente llevas una racha...

Era verdad. En poco tiempo Saulo había roto cuatro platos, tres tazas y algún que otro vaso.

Mientras fregaba entró en la casa el Maestro. Llevaba consigo multitud de papeles bajo el brazo. No era raro en él.

—¿Qué ha hecho hoy, Maestro? —le preguntó Judith.

El Maestro se sirvió agua de una jarra y contestó.

—Me he dedicado a repasar la información que tenemos sobre algunas disciplinas.

—Así que ha estado todo el día en la Academia? ¿Eh?

El Maestro asintió disimuladamente. Sabía que a Judith no le parecía bien que dedicara la práctica totalidad de su tiempo a leer y estudiar. Pero era su trabajo, así que lo comprendía.

—Debería hacer otras cosas —le dijo ella—. No ha vuelto a dedicarse a su jardín desde el último solsticio.

El viejo agachó la cabeza y se retocó su barba blanca.

—Sólo quería refrescar mi memoria sobre algunas cosas.

Judith dejó la labor en una cesta y se dispuso a preparar la comida. Saulo ya había terminado de fregar. Sentado en su silla favorita leía un libro.

—Mire lo que consigue —siguió diciendo Judith—, mi hijo trata de imitarle y también pierde el tiempo con esos libros.

El Maestro estaba dispuesto a aceptar eso.

—No digas eso, mujer, no pierde el tiempo. La lectura es buena para la mente, la mantiene sana y fuerte.

Era la discusión de siempre. Por un lado la madre defendía la importancia del ejercicio físico, por otro, el Filósofo sostenía lo vital que era la adquisición de conocimiento. Saulo miraba a uno y otro mientras hablaban. Él era muy prudente y no tomaba partido en la conversación a no ser que se lo pidieran explícitamente. Esto no ocurría con frecuencia ya que tanto el Maestro como la madre conocían las preferencias del muchacho.

Sentados en la mesa pasaron a hablar de otros asuntos más ligeros. Absorto en sus pensamientos Saulo no intervenía en el diálogo. Apenas escuchaba. Su madre lo notó enseguida.

—Saulo, hijo, ¿te pasa algo?

El muchacho denegó con la cabeza. Tenía su mente en otro lado. Pensaba en Abel y los otros. Le parecía una soberana estupidez que quisieran robar unos viejos huesos para asustar a los Maestros. ¿Era aquello divertido? ¿Era emocionante? Él creía que no y le apenaba que sus amigos tuvieran aquellas ideas tan poco afortunadas. En cuanto terminaron de comer el Maestro se apresuró a coger algunas carpetas y un par de libros.

—¿Otra vez, Maestro? —preguntó Judith.

El Filósofo, cabizbajo, se dirigió a la puerta.

—Hoy tenemos una reunión bastante importante. Hemos de tratar algunos asuntos de urgencia. Lo siento, Saulo, ya sabes que a este tipo de reuniones no puedes acompañarme —el chico puso cara de resignación aunque, de todos modos, no tenía muchas ganas de ir—. Si necesitáis algo de mí estaré en la casa del Paleontólogo.

Saulo casi se atragantó. «Oh no —pensó—, si no aviso a los chicos puede que les descubran». Se alarmó tanto que dejó a mitad la manzana que estaba devorando y se excusó ante su madre.

—Madre, me duele el estómago —mintió—, creo que voy a acostarme.

A Judith le pareció una buena idea. Le acompañó a su cuarto y le arropó en su cama. Lo que no pudo ver fue a su hijo saltando por la ventana y corriendo calle arriba en busca de Abel y los otros.

Acudió al lugar donde oyó que se habían citado pero no les encontró. Quizá ya era demasiado tarde. Sin pensárselo dos veces se dirigió a la casa del Paleontólogo. «¿Por qué lo estoy haciendo?» —se decía—. «¿A mí qué más me da que les pillen?» No sabía por qué, pero Saulo no hacía caso a sus pensamientos y corría y corría. Si se daba mucha prisa podría llegar antes que los Maestros. La casa del Paleontólogo estaba en las afueras apenas iluminada. A Saulo le costó distinguir en la oscuridad que una de las ventanas de la casa estaba abierta de par en par. Llamó a Abel. Estuvo así un buen rato. Hasta que obtuvo respuesta.

—¿Eres tú, Saulo?

El chico no veía a nadie. ¿De dónde provenía la voz? Menudo susto se llevó cuando vio a Abel asomando la cabeza desde dentro de la casa.

—¿Así que te has arrepentido? ¿Eh? Sabía que eras uno de los nuestros. Venga, entra.

Abel desapareció antes de que Saulo pudiera articular palabra. Era evidente que los Maestros aún no habían llegado pero seguro que estaban a punto de hacerlo. Saulo sabía que podía meterse en un buen lío pero eso no le impidió saltar por la ventana y entrar a la casa. Palpando a tientas las paredes y tropezando cada dos por tres con sillas y mesas fue llamando a Abel sin éxito. Con grandes dificultades encontró la rendija iluminada de una puerta. Entró. Los chicos estaban alrededor de una mesa sobre la que había esparcidos un par de pequeños esqueletos. Los tres tenían la boca abierta. Nunca habían visto un esqueleto. Unas cuantas velas iluminaban la estancia y sus rostros sorprendidos.

—Es como un caballo pero más pequeño —dijo uno.

—Seguro que es un animal sanguinario —imaginó el otro.

—Dejaos de tonterías —dijo Abel mientras metía los huesos en un saco—, ¿no veis que es el esqueleto de un simple perro?

Saulo intervino.

—Dejad eso ahora mismo, los Maestros están a punto de venir.

Los tres jóvenes ladrones preguntaron al unísono:

—¿Qué?

Justo en ese momento se abrió la puerta. Iluminado por la antorcha que sostenía apareció el Maestro Paleontólogo. Su expresión de sorpresa fue inmediata. Detrás de él, el resto de Maestros aún no podían saber lo que estaba pasando. Rápidos de reflejos salieron corriendo los tres muchachos encabezados por Abel. No así Saulo, quien, petrificado y asustado, se había quedado quieto en su lugar sin mover un solo músculo. Pronto le vio el Filósofo. Su cara lo decía todo: estaba irritado y ofendido. Lo único que pudo decir fue:

—Saulo, me has decepcionado.

El chico, por su parte, no acertó a decir palabra.

5

El cielo empezaba a clarear. El azul oscuro que volaba sobre Calambur anunciaba la llegada del Día. Incluso algunos creían adivinar la espuma de las olas del Mar.

Ajenos al esclarecimiento de la Noche se encontraban los Maestros reunidos en la Academia. Se habían congregado por dos razones: la primera era hacer pública la esperada noticia sobre la naturaleza de los huesos encontrados en las montañas. La segunda, de carácter más leve e informal, se trataba de oír las explicaciones de un muchacho descubierto en flagrante delito de intento de robo de esos mismos huesos. Saulo estaba algo nervioso porque, el Maestro Filósofo, se había enfadado con él. Hasta aquel momento no había tenido ocasión de explicarse. Pero, antes de eso, la noticia. El Paleontólogo pidió a los presentes que guardaran silencio. Después habló.

–Ya habrán sido informados del lamentable suceso acaecido hace poco en mi propia casa –cuando dijo esto lanzó una mirada entre indignada y afectuosa a Saulo–. No ha sido fácil volver a colocar cada hueso en su sitio pero lo he conseguido.

Acto seguido retiró la tela que cubría una mesa. Allí estaban los dos esqueletos con sus huesos perfectamente colocados. Los Maestros los miraron con interés.

–Como podrán comprobar –siguió el Paleontólogo– se trata de un animal perteneciente a los cánidos. Los estudios y comparativas que he llevado a cabo me han servido para llegar a la conclusión de que se trata de una nueva raza de lobos de la que se desconocía su existencia. Quizá sea fruto de algún cruce. Seguiré estudiando para informarles correctamente.

Uno de los Maestros dijo:

–Nunca habíamos visto algo así. Lo más probable es que estén extinguidos.

Otro añadió:

–Eso espero. A juzgar por la mandíbula de este animal podría despedazar a un hombre con un par de dentelladas.

El misterio acababa de ser despejado. Los Maestros se mostraron satisfechos. Con el hallazgos seguro que encontrarían más apoyo por parte de las Siete Mujeres para realizar más investigaciones.

Ahora le llegaba el turno a Saulo.

–Dejemos ahora que se explique nuestro joven amigo –dijo uno.

El Filósofo se apresuró a decir algo:

—Por favor, permítanme que sea yo quien le interrogue.

A todos les pareció bien. Al fin y al cabo Saulo estaba a su cargo. Él era, de algún modo, responsable de su travesura. El Maestro Filósofo se colocó al lado de Saulo, a quien habían sentado en un ridículo trono frente a la mirada acusadora del resto de Maestros.

—Vayamos por partes —dijo el Filósofo—. La primera pregunta es obvia: ¿Qué hacíais tú y tus amigos en la casa del Maestro Paleontólogo a escondidas?

Saulo tragó saliva antes de contestar.

—Sólo pretendíamos gastar una broma inocente.

Algunos Maestros sonrieron.

—¿Una broma inocente? ¿Y en qué consistía esa broma?

—Nada grave. Queríamos esconder los huesos del perro...

Los Maestros se mostraron ofendidos carraspeando y tosiendo.

—Perdón, quería decir del lobo.

—Así que no pretendían robarlos.

—No, no, nada de eso.

El Filósofo caminaba arriba y abajo con las manos a la espalda. Tenía la actitud de estar celebrando un auténtico interrogatorio a un criminal.

—¿Y qué fue lo que les llevó a urdir semejante trama?

A estas alturas Saulo ya estaba un poco más relajado.

—Ustedes habían dado tanta importancia a los huesos encontrados...

—¡Que decidisteis gastar una broma macabra a la comunidad de Maestros!

El Maestro Químico salió al paso.

—No sea tan duro, el chico ya ha aprendido la lección.

Pero el Filósofo hizo oídos sordos y siguió vociferando.

—¿Te das cuenta de los daños irreparables que podrías haber causado a los huesos? ¿Puedes imaginar las consecuencias de vuestra cruel trastada?

Saulo no había visto nunca al Filósofo tan exaltado.

—¿Creéis que nos divierte tener que ir a las montañas a excavar en el barro? ¿Os parece que es una distracción? ¿Un pasatiempo? Pues te diré una cosa, muchacho, la única razón por la que metemos nuestras manos en la tierra y nuestras narices en los libros, la única razón por la que dedicamos horas y horas al estudio sois vosotros. Sí, me has oído bien, lo hacemos por vosotros. El sacrificio que supone la búsqueda del conocimiento sólo es recompensado cuando os lo transmitimos, cuando os lo contamos. Y si vosotros, estúpidos niñatos, vais por ahí estropeando nuestro trabajo con absurdas chiquilladas es que no merecéis nuestro esfuerzo.

Uno de los Maestros más viejos gritó enojado:

—¡Ya está bien! ¡Sólo es un niño! ¡Has llevado esto demasiado lejos! No entiendo cómo has llegado a ponerte así. Creo que ya te has despachado suficiente. Amigos, la función ha terminado.

Pero al Filósofo aún le quedaba una pregunta.

—Sólo una cosa más, señor. Permítame preguntar una última cosa a mi buen amigo Saulo. Veamos, Saulo, como ya se ha podido oír, aquella Noche no estabas sólo, te acompañaban otros muchachos a los que, por desgracia, no pudimos identificar ya que salieron corriendo rápidamente.

Saulo se temía la pregunta.

—¿Quiénes eran tus compañeros de aventuras, Saulo? Di, ¿quiénes eran?

En la habitación se produjo el silencio. Algunos Maestros apostaban mentalmente a que el chico no diría nada. Otros, en cambio, más desconfiados, se decían que delataría a sus amigos sin pensárselo. Saulo, también callado, sudaba ante la mirada insidiosa del Filósofo. Tras meditarlo bien, dijo:

—Reconozco que lo que hicimos no estuvo bien, Maestro. Sé que nuestra pretendida broma inocente pudo haber resultado fatal para sus investigaciones. Me siento avergonzado y arrepentido. No le puedo expresar con palabras el profundo sentimiento de deshonra que me invade ahora mismo. No sé de qué manera excusarme y no sé cómo restituir mi afrenta. Si hay algo que sé, si hay algo de lo que estoy seguro es de que jamás conseguirá sacar de mi boca los nombres de los muchachos que aquella Noche me acompañaban.

Los Maestros quedaron asombrados con la respuesta de Saulo. Cualquier otro, ante aquella presión, hubiera confesado sin pensar. Saulo, no contento con esto, se acercó al Filósofo y le dijo:

—Lo siento, Maestro, lo siento mucho. No imaginé que pudiera enfadarle tanto.

—¿Estás arrepentido por lo que hiciste o por mi reacción?

El chico no supo qué responder.

Finalizado el acto los Maestros fueron saliendo de la Academia. Debían mostrar los huesos a las gentes del pueblo y hacerles partícipes de sus conclusiones científicas. Un río de antorchas bajó hacia la plaza. El Filósofo no fue menos. En la puerta de la Academia se abrigó con su capa y les siguió. El último en salir fue Saulo. Se había convertido en culpable de algo que no había hecho. Le daba rabia haberse visto envuelto en aquel embrollo pero creía que lo que había dicho estaba bien. Ahora, sin merecerlo, sería mirado por algunos de manera acusadora. Pero lo que más le preocupaba era que el Maestro pudiera cambiar su actitud hacia él. Entristecido y amargado salió a la calle.

Ante los Maestros se había mostrado como un chico despierto e inteligente. Capaz de hacer frente a acusaciones por muy injustificadas que éstas fueran. Entre la última reunión a la que había acompañado al Filósofo y lo de ahora había hecho ver a todos que era un chico especialmente dotado para la dialéctica. Pero el particular juicio al que había sido sometido aquella Noche iba a tener más consecuencias de lo que él pudiera imaginar.

Sin saberlo, había superado con éxito la primera prueba del que iba a ser un largo aprendizaje.

6

Los habitantes de Calambur, alarmados por un terrible sonido, salieron a la calle.

—Es como un quejido —dijo uno.

—Parece una bestia herida —observó otro.

En efecto, el horroroso lamento que se oía provenía de un animal al que aún nadie había visto. Algunos se asustaron tanto que prefirieron volver a sus casas. La fuerza del ruido iba en aumento. Resultaba algo desagradable. Un Soldado llegó corriendo a la multitud.

—Venid, venid —dijo—, está en la playa.

Las gentes le siguieron durante un largo recorrido por la orilla. La Noche estaba tocando a su fin y eso permitía que pudieran verse algunas nubes. Faltaba muy poco para que llegara el Día. Ya no era necesario alumbrarse así que algunos apagaron sus antorchas.

—Mirad, está allí.

Se oyeron muestras de sorpresa y asombro de todos ellos. Recostada en la playa se podía ver la inmensa figura del animal del que provenían los sonidos. Los niños fueron los primeros en acercarse a ella pero sus madres los retuvieron junto a ellas.

—Esperad —dijo el Soldado—, que me acompañen algunos Guerreros.

Pero estaban todos tan asustados que fueron pocos los que salieron voluntarios. Atemorizados se fueron acercando a la bestia. Cuanto más cerca la tenían mayor les parecía su tamaño.

—No tengáis miedo —dijo uno.

Cuando se hallaban tan cerca que podían tocarla oyeron decir al Maestro Biólogo:

—No temáis, es sólo una inofensiva ballena.

Las gentes se extrañaron. ¿Qué hacía allí una ballena?

—Es más frecuente de lo que parece —siguió diciendo—. Acercaos todos.

El Biólogo tenía razón. Muchas ballenas se perdían en el mar y acababan en la costa. Lo que hacía particular aquel caso era la grandiosidad del animal. Casi tan alta como cinco hombres puestos uno encima del otro. Las gentes volvieron más tranquilas a sus casas y los Maestros empezaron a curiosear alrededor de la ballena.

Ella seguía en su agonía emitiendo su terrible gemido. Un Maestro que no tenía ni idea de zoología dijo:

—Es el pez más grande que he visto.

Pronto alguien le corrigió.

—Menudo Maestro estás tú hecho; las ballenas no son peces, son mamíferos.

Algunos niños se acercaron al lugar después de informar a sus madres de que no había peligro. Los Maestros les hablaban del animal mostrando, orgullosos, su sabiduría. Los muchachos acariciaban la piel de la ballena, tan brillante y de textura tan tersa.

Conforme fue avanzando la jornada la orilla se fue llenando de curiosos que venían de aquí y de allá. Al principio les imponía el hecho de tener una ballena ante sí pero luego se compadecían de ella, olvidaban sus temores y se acercaban a tocarla. A todo el mundo le fascinaban en especial los ojos del animal. Ellos solos parecían reflejar todo el dolor y la pena que tenía.

Los Maestros se reunieron para tratar el asunto. Todos tenían muchas preguntas. Aquella era una situación muy particular y delicada. ¿Debían dejar que la ballena muriera allí? ¿Debían alimentarla? ¿Devolverla al Mar?

–Quizá los Dioses la han enviado para demostrarnos algo –aventuró uno.

–Puede que sea una prueba –dijo otro.

–O una señal.

Los más prudentes permanecían callados.

–¿Cuánto tiempo puede tardar en morir?

–Su bramido es realmente espantoso.

–E insoportable.

A uno de ellos se le ocurrió algo.

–Quizá sea eso.

–¿Cómo? –preguntaron a coro los demás.

–Quizá los Dioses la han enviado desde las entrañas del Mar para poner a prueba nuestra resistencia a su desagradable quejido.

–Pues yo creo que viene a anunciarnos la desaparición de la Ciudad de Agua.

Nadie se aclaraba. Todo eran dudas. No sabían qué hacer, cómo proceder. Sólo una cosa estaba clara: debían dejar que el animal muriera por sí mismo, de ningún modo podían matarlo para acortar su agonía. Eso sería una grave afrenta hacia los Dioses. Aunque... A lo mejor no estaba tan claro... ¿Y si?...

–¿Y si lo que tenemos que hacer, precisamente, es ayudarla a sobrevivir y devolverla al Mar? –preguntó el Filósofo.

Nadie había reparado en eso. Era una posibilidad como cualquier otra. Por alguna razón todos creyeron, de mutuo acuerdo, que aquello era lo que mejor podían hacer. Rápidamente se pusieron manos a la obra. Lo primero era tratar de curar a la ballena y alimentarla bien. Ayudados por los niños y algunos Soldados llevaron al lugar donde se encontraba el animal gran cantidad de recipientes cargados con todo tipo de comida. Saulo era uno de los que colaboraba acarreando cubos de agua. El Filósofo llevaba buscándole desde hacía un buen rato.

—Deja eso, Saulo, tú debes ayudarme en otra cosa.

El chico obedeció. Desde el incidente en la casa del Paleontólogo el tono de voz del Maestro era más duro y seco pero parecía que poco a poco se iba suavizando.

A poca distancia de la ballena se había dispuesto una mesa con un par de sillas. Allí se sentaron el Maestro y Saulo.

—Mira, Saulo, en cuanto consigamos que la ballena recobre fuerzas deberemos ayudarla a volver al Mar ¿entiendes?

—Sí, Maestro.

—Como es evidente la ballena es muy grande y eso será complicado. Quiero que me ayudes a trazar un plan para hacer esto lo más fácilmente posible.

Saulo no comprendía por qué el Filósofo le requería para un trabajo en principio tan sencillo y cuya elaboración era competencia de los Maestros. Pero él era un chico obediente y se dispuso a ayudar en lo que pudiera.

—En primer lugar —continuó el Maestro—, debemos saber cuánto puede pesar la ballena.

Con la ayuda de los libros y haciendo un par de cálculos sencillos llegaron a la conclusión de que el peso de la ballena estaba en torno a las cuarenta y cinco toneladas. No estaba mal para los casi quince metros que medía.

—Realmente no será un trabajo fácil —comentó el Maestro.

Saulo observaba que el Filósofo no colaboraba mucho. Era extraño. Estaba dejándole a él con toda la responsabilidad.

—Opino —dijo el chico— que lo mejor es que envolvamos a la ballena con una red con la que podamos arrastrarla hasta el Mar.

—Pero no existen redes tan grandes.

—Pues no habrá más remedio que hacerla.

El Maestro no lo mostraba aparentemente pero su satisfacción por el trabajo de Saulo iba en aumento.

—Teniendo en cuenta su longitud y su altura calculo que será necesaria una red de unos veinte metros cuadrados. Después ataremos a ella las cuerdas más resistentes con el fin de arrastrar a nuestra amiga hasta el Mar.

—Ordenaré inmediatamente que se pongan manos a la obra.

El Maestro llamó a un Soldado y le dijo algo que Saulo no pudo oír. Quizá le comunicó las órdenes pertinentes. Era necesario que la red estuviera preparada mucho antes de que amaneciera. Los mejores Artesanos Cordeleros debían colaborar para ello.

—Muy bien, Saulo, ahora nos queda pensar en cuántos hombres necesitaremos para mover a la ballena.

—Antes de eso será preciso pensar en la manera en que le daremos la vuelta para poder envolverla bien en la red.

El Maestro no había reparado en eso. La red debía rodear por completo a la ballena para poder moverla con eficacia. Saulo quedó pensativo. Esta vez fue el Maestro quien dio con la solución.

—Una vez la tengamos cubierta con nuestra red cavaremos a su lado un surco en la arena hacia el que su propio peso la haga volcar. Para arrastrarla alargaremos ese camino hasta el Mar.

Resuelto ya el problema quedaba sólo determinar el número de hombres que serían necesarios para la operación. Saulo habló:

—Teniendo en cuenta que cada Soldado es capaz, como mínimo, de sostener su propio peso, considerando que cada Soldado puede tener un peso de ochenta quilos y sabiendo que la ballena puede llegar a pesar cuarenta y cinco toneladas, necesitaremos de la ayuda de...

Saulo se apresuró a garabatear en los papeles las operaciones con que debía resolver el problema. El Maestro estaba sorprendido con su rapidez en la deducción matemática. En realidad se trataba de un par de simples divisiones pero él le dejó hacer. Saulo obtuvo la cifra deseada en un abrir y cerrar de ojos.

—Serían necesarios un total de quinientos sesenta y dos hombres exactamente, pero dada su fortaleza serán suficientes quinientos.

—Estoy de acuerdo contigo, Saulo pero ¿cómo organizaremos a los hombres?

—Propongo que la mitad de ellos se reparta a ambos lados de la ballena, el resto irá tirando de las cuerdas amarradas a su cola. Conforme vayan introduciendo a la ballena en el Mar se irán sumando a los hombres que tiren de los lados.

—Pero llegará un momento en que estén demasiado metidos en el agua ¿y si la ballena no responde? ¿Y si no es capaz por sí sola de adentrarse en el Mar?

Saulo tenía una respuesta.

—Prepararemos pequeñas embarcaciones por si eso ocurre.

Trazado ya todo el plan sólo faltaba ponerlo en marcha. La red se estaba tejiendo a gran velocidad gracias a la colaboración de todo el pueblo. Una parte de los Soldados aguardaba el momento para empezar a cavar el camino por el cual conducirían a la ballena. Los niños, también atareados, la alimentaban con cubos de comida y la mantenían fresca echándole agua.

El Filósofo se acercó al grupo de Maestros que observaba la actividad alrededor de la ballena.

—¿Qué has estado haciendo? —le preguntó uno.

—Ideaba un plan para salvar a la ballena.

—¿Cómo dices? Si hace ya rato que lo hemos hablado. Tú mismo estabas allí. ¿No has sido tú el que ha propuesto lo de cavar un surco al lado de la ballena para llevarla hasta el Mar?

El maestro sonrió.

* * *

Todos los implicados en la salvación de la ballena se pusieron manos a la obra. La gran red estaba hecha de cuerdas gruesas y resistentes. Gracias a la agilidad de algunos muchachos lograron cubrir la ballena con ella. La excavación del foso podía resultar peligrosa. Si la ballena cedía por su peso podía llegar a sepultar a los Soldados. Hubo suerte y no pasó así. Como se había previsto la ballena rodó sobre sí misma de manera que la cubrieron totalmente con la red. Amarraron a ella las cuerdas necesarias para que los quinientos hombres tiraran de ella. No sin esfuerzo lograron arrastrar a la ballena hacia el Mar. Cuando ya casi estaba metida de lleno en el agua empezó a divisarse en el horizonte la cresta iluminada del Sol. Las barcas dispuestas para ayudar a la ballena a entrar en el Mar no hicieron falta. Fue capaz por sí sola de introducirse en el agua. La red que la envolvía, ya inútil, quedó tirada en la playa. Todos los que asistían a la operación pudieron admirar la inmensa belleza del brillante lomo de la ballena surcando el agua Mar adentro. Todos estaban emocionados. El momento más bello fue cuando, justo antes de sumergirse por completo en el agua, salió de su lomo directo al cielo un largo chorro de agua. Algunos se emocionaron tanto que aplaudieron.

El Filósofo miró a Saulo. Éste le miró también, sin decirse nada se habían perdonado mutuamente. Muy lento y tranquilo empezaba a salir el Sol.

7

No muy lejos de Calambur, refugiados y ocultos en las montañas vivían los habitantes de la aldea conocida como Valdar. Sus relaciones con el pueblo de Calambur no eran muy numerosas pero siempre cordiales. De vez en cuando bajaban y se dejaban ver por allí.

Siguiendo con mucho cuidado al Filósofo, Saulo recorría un sendero excavado en la montaña. Iban hacia Valdar porque el Maestro quería que conociese a un viejo amigo suyo.

—Es muy anciano —le decía mientras sorteaban arbustos—. Hace siglos que no le veo. Ya verás cómo es un tipo interesante.

Saulo tenía mucha curiosidad por conocerle. Desde que había amanecido aquello era lo más divertido que había hecho. Enfrascado en sus estudios el Maestro no le había prestado mucha atención últimamente. El pobre hombre se excusaba diciendo que estaba muy atareado calculando el momento exacto de la aparición de la Ciudad de Agua.

—Ya queda poco, ya queda poco —repetía con frecuencia.

Cuando llegaron a la explanada donde se asentaba la aldea de Valdar el Maestro apenas podía hablar. Agotado por el cansancio sudaba y sudaba. Saulo miraba con extrañeza.

—¿Aquí es donde viven? —preguntó—. ¿Dónde están las casas? ¿O sus cabañas? ¿Duermen al aire libre?

El Maestro le respondió en cuanto recuperó el resuello.

—Viven en cuevas. ¿Ves esos agujeros? Esas son sus casas.

—Qué raro.

—Aquí donde estamos ahora podríamos decir que desarrollan sus actividades laborales. ¿Ves a aquellos de allá cargando leña?

A Saulo le resultaba un poco chocante el modo de vida que acababa de descubrir. Nuevamente conducido por el Maestro entró en la cueva en la que vivía la persona que iban a visitar.

—Hola viejo Filósofo —saludó el hombre.

Ambos se abrazaron con efusividad. El Maestro no había exagerado, era realmente viejo. Saulo no había conocido nunca a nadie tan mayor. A pesar de su edad el chico comprobó que no le faltaban fuerzas cuando estrechó su mano.

—Este es Saulo, el chico con quien comparto vivienda.

El anciano miró al muchacho con indiferencia. Estaba más interesado en atender a su amigo, en saber qué había sido de su vida. Charlaron largamente mientras Saulo curioseaba por la cueva. A decir verdad no era tan diferente a una casa. Le interesaron especialmente unos aparatejos que había visto muchas veces en los libros de Astronomía y que tanto le fascinaban. Cada vez que se acercaba a un telescopio el viejo gruñía:

—Ten cuidado, son muy antiguos, no vayas a romper nada.

Saulo mostraba su mejor sonrisa. Dedujo por la conversación que el anciano era Astrónomo. Que se había dedicado toda su larga vida al estudio del cielo. Los astros, sus planetas, sus satélites... Supo también que al Maestro le urgía preguntarle algo acerca de los cálculos acerca de la aparición de la Ciudad de Agua. Saulo sabía que este hecho estaba íntimamente relacionado con la situación de algunos planetas. Al parecer el Maestro no veía muy claros algunos datos.

–Según mis estudios, las órbitas de estos planetas –dijo señalando sus papeles–, no coincidirán con las de estos otros para que se produzca la aparición de la Ciudad de Agua. Y, sin embargo, las mareas, por efecto de la situación de la Luna, están bajando, lo cual es señal inequívoca de que la Isla emergerá pronto. ¿Cómo puedes explicar esto?

La duda parecía tener fundamento. El problema partía de una contradicción: según la configuración de las posiciones de los planetas en el cielo la Ciudad de Agua aún tardaría en aparecer, pero según las mareas (condicionadas, a su vez, por la Luna) este hecho se iba a producir en breve.

El anciano vio pronto la razón de tal paradoja. No se explicaba cómo el Filósofo había tenido un error tan tonto. Estaba a punto de decírselo cuando llamó a Saulo.

–Ven, muchacho –le dijo–, mira esto.

El Maestro le mostró a Saulo una serie de dibujos que reproducían la situación de los planetas y sus respectivas posiciones dentro de sus órbitas. Después le enseñó otro gráfico parecido en el que los planetas estaban en el lugar adecuado para la aparición de la Ciudad de Agua. Saulo frunció el ceño. Los pocos conocimientos que tenía acerca de la Astronomía residían en saber que los planetas giraban sobre sí mismos y, a la vez, alrededor del Sol. Y esto no podía ser suficiente para resolver la cuestión. El anciano quiso intervenir un par de veces, no podía creer que no se dieran cuenta del detalle tan tonto que les hacía seguir en su error. El Maestro, para impedir esto, le hacía señas para que callara sin que le viera Saulo.

Después de un rato en el que Saulo no dejó de mirar los gráficos dio su respuesta.

–Creo que ha cometido un error de cálculo, Maestro.

Los dos hombres se mostraron interesados.

—Según estos números hay dos planetas que se retrasarían en su entrada en la Forma.

La Forma era el modo con que se llamaba vulgarmente a la particular alineación de los planetas.

—Usted cree —siguió— que el problema radica en ellos, que son los que tardarían en entrar en la Forma pero no es así. Son los otros tres planetas los que, según sus cálculos erróneos, se adelantarían al fenómeno.

El anciano rió de modo sarcástico. Le hacía gracia ver la cara del Filósofo.

—Pareces un cordero —le dijo con sorna.

Saulo siguió con su explicación.

—No ha reparado en el hecho de que estos tres planetas recorren sus órbitas más rápidamente y, por lo tanto, mayor número de veces que los otros. De este modo estarán en su lugar cuando los otros dos lleguen a ocupar sus puestos en la Forma ¿lo ve?

Lejos de parecer un galimatías el razonamiento de Saulo era correcto. El Maestro le felicitó por su lucidez y volvió a su charla con el Astrónomo. El chico, por su parte, retornó al lugar donde estaban los telescopios. El anciano tenía mucha curiosidad:

—¿No te da vergüenza mostrarte tan ingenuo delante de este muchacho? Te tomará por un imbécil.

El Maestro sonrió. ¡Qué le importaba a él parecer un poco despistado o incluso tonto si sus propósitos iban mucho más allá! Una vez más, Saulo había superado una prueba con éxito.

* * *

El Maestro andaba un tanto despistado últimamente. Resuelta su duda con los cálculos sobre la aparición de la Ciudad de

Agua, Saulo no imaginaba qué podía tenerle en ese estado. Lo supo sin tener que preguntárselo.

—Ya sabes, Saulo —le dijo el Filósofo— que en fechas cercanas a la emersión de la Ciudad de Agua, los Maestros tenemos el trabajo de redactar lo ocurrido en nuestro pueblo desde la última vez que sucedió el acontecimiento. Entre todos los Maestros se aportan los datos referentes tanto a la vida del pueblo como a las expediciones e investigaciones realizadas dando cuenta de su resultado. En fin, que no es un trabajo fácil. Cada vez se encarga un Maestro de coordinar los hechos y redactarlos correctamente. Pues bien, en esta ocasión ¿a qué no sabes a quién le ha tocado? En efecto. Por eso ando tan despistado.

Era tradición que, antes de proceder al traslado hacia la Ciudad de Agua, se leyera el nuevo capítulo en la plaza del pueblo. Esa era la razón del nerviosismo del Maestro. El tiempo se le echaba encima y sólo tenía redactadas un par de decenas de páginas.

Envuelto en sus libros, absorbido por el trasiego de la búsqueda y contraste de datos, mareado y disperso. Saulo no quería molestarle y, cuando el Maestro estaba en casa, procuraba dejarle solo un rato. Casi siempre salía con alguna excusa tonta pero en una ocasión no le hizo falta excusarse: se había enterado de que se estaban empezando a realizar las pruebas para ser supervisor de la Ciudad de Agua. Le dijeron que en la plaza habían dispuesto una mesa en la que podía apuntarse todo aquel que deseara colaborar. Supo que estaban a punto de cerrar la convocatoria y se dio mucha prisa por llegar. Saulo sabía que no tenía muchas posibilidades de ser admitido pero eso no era impedimento para que estuviera esperanzado. El tipo que estaba en la mesa, un habitual de la taberna con nariz roja, al verle tan joven le preguntó:

—¿Tú estás seguro de que quieres ir allí a limpiar?

Al muchacho le sonó un poco raro aquello de "limpiar", él prefería "llevar a cabo labores de saneamiento y acondicionamiento".

—Lo deseo desde que era pequeño —contestó Saulo.

El hombre le informó de que las duras pruebas no eran tales. Las llamaban así para asegurarse de que no fueran curiosos a molestar. Simplemente se trataba de instruir a los voluntarios en las técnicas de limpieza a emplear y en prevenirles de posibles accidentes.

—Más de la mitad acaban renunciando cuando se enteran de lo que tienen que hacer.

A Saulo esto no le asustaba. Estaba dispuesto a enfrentarse a todo lo que hiciera falta. Se moría de ganas por ser de los primeros en volver a la Isla.

Tiempo después concurrió a las exageradamente llamadas "Pruebas de selección de las brigadas de limpieza". Acudió con el talante optimista. Casi estaba seguro de que le iban a aceptar. Como habían sido tantos los que se habían apuntado voluntarios tuvieron que convocarlos a las afueras de Calambur, casi en la playa. Allí se organizaron todos por filas, como si estuvieran en le Ejército. Saulo fue prudente y se colocó ni muy cerca ni muy lejos de los seleccionadores. Su alegría aumentó cuando vio que uno de ellos era su amigo el Herrero. «Ahora sí que estoy seguro de que me cogerán», pensó. Cerca de Saulo estaba Abel. Su relación había empeorado desde lo que pasó en casa del Paleontólogo. Abel no se disculpó nunca ni aceptó su parte de responsabilidad en el asunto a pesar de que se había cruzado con Saulo varias veces en la calle. Saulo, como es natural, tampoco le dirigía la palabra. La única manera de reconciliarse era que Abel diera el primer paso.

El que sí dio un primer paso fue uno de los colocados en primera fila. Bajo la mirada experta de los seleccionadores fue sometido a varias preguntas e informado de las tareas que iba a realizar. Resultó admitido. Progresivamente fueron hablando con todos y cada uno de ellos y haciendo lo mismo. Algunos, como era previsible, se echaban atrás en el último momento y se iban. «Me lo he pensado mejor», se excusaban algunos. «Lo siento, he recordado que tengo algo que hacer», decían otros. Ya faltaba poco para llegar a la fila de Saulo cuando le llegó el turno a una muchacha. Saulo la reconoció, se trataba de una chica de su misma edad. Casi nunca se la veía por la calle. Decían que se preparaba con su padre para ser Guerrera en el futuro. Saulo recordó haber hablado con ella cierta vez.

Un Día, después de una celebración en la plaza, se la había encontrado llorando en un portal. Aunque no la conocía él se acercó para consolarla.

—¿Qué te pasa? —le preguntó.

—Nada, déjame en paz —contestó ella.

Lejos de parecerle hostil a Saulo le agradó la actitud de la chica. Era fuerte y con carácter. No era como las demás. Después de ofrecerle un pañuelo que ella aceptó se presentaron. Se llamaba Laura. Saulo quedó automáticamente prendado de ella. Parecía salida de una bella historia de princesas a las que él era tan aficionado. Acabó transigiendo y le contó su problema.

—Mi madre se opone a que sea Guerrera —dijo—. No le gusta que me entrene ni que practique.

—¿Y tu padre qué dice? —preguntó Saulo.

—A él le encantaría que formara parte del cuerpo de Soldados ya que él no pudo serlo en su juventud. Es cojo de una pierna ¿sabes?

—Es curioso, a mí me pasa lo contrario.

—¿Qué quieres decir?

–Mi madre, al contrario que la tuya, quiere que yo sea un Soldado.

–Me gustaría tener una madre como la tuya –dijo ella.

Saulo, por primera vez en su vida, no sabía qué decir. Ella habló y habló pero él sólo atendía a admirarla. Después de aquello ya no supo más de ella.

Ahora que la había vuelto a ver su corazón dio un respingo. Suspiró aliviado cuando vio que la admitían. «Quizá podría llegar a conocerla mejor», pensaba. Cuando llegó su momento Saulo se cuadró (aunque no hacía falta) ante los seleccionadores. Fue su amigo, el Herrero, quien procedió en el breve interrogatorio.

–Ya habrás oído que los trabajos en la Ciudad de Agua no son nada amables. Tendrás que andar por el fango, removerte en el barro... Resbalarás y caerás continuamente. Y todo eso a plena luz del Día, bajo un Sol que será sofocante.

Saulo ni se inmutó. El Herrero le miró fijamente a los ojos, sonrió y dijo:

–Admitido.

El chico se alegró mucho. Si hasta entonces sólo tenía ganas de ver de nuevo la Ciudad de Agua lo que ahora le embargaba era una fuerte emoción y un gran nerviosismo. En poco tiempo iba a estar cubierto de barro hasta las orejas, limpiando casas y despejando calles de cochambre. No sabía qué le hacía más ilusión: si ser de los primeros en ir a la Isla o ver de nuevo a la guapa Laura.

8

Las aguas volvieron a cerrarse y la Ciudad se sumergió de nuevo en las entrañas del Mar. Otra vez el pueblo de Calambur emprendió la vuelta a tierra firme. Allá donde los Dioses les proveyeron de buenas cosechas y ganado abundante en recompensa por su bondad y sacrificio.

Pronto se cubrió el cielo con el manto de la Noche. Sólo las estrellas fueron testigos del desembarco lento y progresivo de las gentes agradecidas y contentas. La vida en la oscuridad fue como siempre. Las costumbres no cambiaron, las tradiciones se mantuvieron. Ningún hombre aprovechó el anonimato de la Noche para profanar el agua sagrada de nuestros Dioses. Nadie osó robar del Mar sus preciados tesoros. Como regalo y en muestra de la eterna gratitud y consideración de los Dioses hacia los hombres, volvió el Sol a reinar en los cielos. Las gentes salieron a las calles y disfrutaron del Día. Todo fue paz y tranquilidad en el pueblo de Calambur.

La Noche cerrada volvió pero el Día claro le siguió. Así hasta una decena de veces. Un Día el pueblo de Calambur, reunido en la Asamblea de las Siete Mujeres, decidió tomar la difícil decisión de emprender una nueva cruzada allende los Mares. Fueron cientos los Guerreros que quisieron formar parte en la aventura. Sólo los más cualificados y valerosos lo lograron. Hasta el número de tres fueron los navíos que salieron al Mar a falta de que se cumplieran siete Lunas para el siguiente equinoccio. Zarparon bajo un Sol cuyo fulgor era radiante. Pero la Noche cayó pronto. A todos sorprendió la premura con que llegó aquella vez. En esta ocasión vino cargada de aguas y rayos que se desplomaron sobre ellos y el pueblo de Calambur dejando algunas casas aisladas. Tan larga como la Noche la furiosa tempestad llegó a su término tras causar graves daños y destrozos en la...

* * *

El Filósofo releía algunos pasajes de la historia escrita de Calambur para ver si le sugerían algo. El trabajo resultó en vano. En cuanto escribía alguna cosa arrugaba el papel y lo empezaba de nuevo. En aquel momento entró Saulo en la casa con cara de júbilo.

–¡Me han aceptado! –gritaba–. ¡Me han aceptado!

El Maestro no entendía. Había estado tan ocupado últimamente que no sabía que Saulo se había presentado como voluntario para la limpieza de la Ciudad de Agua. La madre compartió su alegría dándole un fuerte abrazo.

–Hoy comeremos tu plato favorito –dijo.

El Maestro se incorporó de la mesa. De repente el rostro le había cambiado. De la concentración en su trabajo había pasado a una seriedad casi pétrea. Se acercó a Saulo y le agarró por los hombros, como si fuera a vapulearle.

–¿Qué has dicho? –no daba crédito.

El muchacho le contó lo de las pruebas de selección. El Maestro se sintió profundamente abatido. Aquel contratiempo podía dar al traste con sus propósitos de nombrar a Saulo su discípulo antes de la aparición de la Ciudad de Agua. Los Maestros, reunidos en Consejo, habían decidido formar los nuevos grupos de estudiantes tras la estancia en la Isla. La intención de convertir a Saulo en su discípulo podía verse afectada si el chico decidía irse.

«No me dará tiempo a comprobar que merece ser mi discípulo –pensaba el Filósofo–. Hasta ahora ha demostrado ser bastante inteligente pero necesito más pruebas para asegurarme». Por nada del mundo quería el Maestro disgustar a Saulo pero tampoco podía desvelarle cuáles eran sus planes con respecto a él. ¿Podía considerar suficientes las pruebas realizadas hasta el momento? ¿Debía comunicar a Saulo su propósito aún antes de que lo supieran los Maestros? Aquello podía suponerle un gran problema... El hecho de que un Maestro quisiera tener un discípulo único era una decisión que debía tomarse en conjunto. Pero ahí no acababa todo: por otra parte, el Filósofo debía dedicarse por entero a la redacción del nuevo capítulo de la Historia de Calambur. Apenas tendría tiempo para Saulo aunque quisiera.

Mientras veía al chico ordenando sus libros tomó la decisión. Estaba dispuesto a confiar plenamente en la capacidad intelectual de Saulo. Se ordenó a sí mismo que sólo harían falta un par de pruebas más. Inmediatamente después hablaría con el resto de Maestros y les plantearía su proposición. Lo más probable era que aceptaran. Para ello el Maestro debía convencerles hablándoles de las buenas cualidades del muchacho. Eso no le resultaría difícil. «La decisión está tomada —concluyó—, Saulo será mi discípulo. Sé que es aplicado e inteligente. Yo conseguiré que sea el mejor estudiante por mucho que le guste limpiar las calles de barro».

* * *

Rompiendo la línea del horizonte, apenas visible aún, empezaba a divisarse un punto brillante. Era la Ciudad de Agua, que emergía poco a poco. Las mareas, a su vez, también habían descendido. La extensión de arena de la playa había aumentado considerablemente. Todo hacía indicar que no faltaba mucho para el regreso a la Ciudad de Agua. De hecho, las gentes de Calambur ya preparaban el viaje. Todo el mundo estaba emocionado.

Cuentan las viejas crónicas de los viejos Maestros que la Ciudad de Agua es un don de los Dioses en agradecimiento por el respeto de los hombres al Mar, fuente de vida. Estaba dispuesto por la Ley Sagrada que ningún hombre podía aprovecharse de los tesoros de las aguas. Estaba prohibido, pues, realizar cualquier tipo de pesca. Tampoco se podía profanar el Mar con absurdos ritos que a nada conducían. La Ciudad de Agua era la recompensa que los Dioses daban a sus servidores en la tierra, los hombres.

Nadie conocía el origen de la tradición, el momento justo en que empezó. Los Maestros que se dedicaban al estudio de la Historia situaban el inicio de estas costumbres poco después de la última inundación que anegó la Tierra. Algunos decían que se trataba de un diluvio (era la opinión más extendida). Otros, en cambio, daban una explicación menos mística diciendo que aquella catástrofe se debió al simple aumento del nivel del Mar (por razones desconocidas). En todo caso se admitía que había sido un castigo de los Dioses.

Por aquel motivo se convino que el hombre nunca volvería a sacar provecho del agua, convirtiéndose ésta en el bien más preciado y los peces en los seres más sagrados.

Los únicos usos del agua que estaban permitidos estaban recogidos (como casi todo) en la Ley Sagrada: el hombre sólo podía utilizarla para beber, para el aseo personal, para limpiar y para regar los campos. Y siempre que fuera posible el agua debía ser devuelta al Mar. Cada cierto período de tiempo la fidelidad a los Dioses era, como ya se ha dicho, recompensada por éstos con la Ciudad de Agua.

La Ciudad de Agua era una antigua ciudad de alguna civilización anterior que fue una más de las ciudades que se inundaron con el diluvio. Poseía grandes edificios, amplias avenidas, lugares de recreo... Era, en fin, mucho mejor lugar para vivir que el pueblo de Calambur. Por eso iban allí cada vez que tenían la oportunidad. Se sentían felices por pasar una temporada en ese lugar. La Ciudad de Agua no sólo era un buen sitio donde estar un tiempo: era, también, la razón de muchos para considerarse dichosos. Aunque la grandiosidad arquitectónica y urbanística de la Ciudad de Agua ya valía de por sí todo su prestigio lo que la hacía singular y motivo de envidia para otros pueblos era otra cosa. Sin que nadie hubiera podido dar nunca una explicación a aquello lo que distinguía a la Ciudad de Agua de cualquier otra era que la mayor parte de sus edificios estaban recubiertos en gran medida por un determinado material, al igual que muchas de sus calles, que también estaban asfaltadas de ese mismo material. Ese material no era ni más ni menos que oro. Oro en cantidades ingentes. Oro por todas partes. Pegado a las fachadas. Adherido al suelo. Revistiendo techos y suelos. Aquel era el auténtico tesoro de la Ciudad de Agua. Defendido y protegido por los ciudadanos de Calambur durante siglos. Les iba la vida y el favor de los Dioses en ello...

* * *

El barco que debía transportar a los encargados de la limpieza de la Isla estaba ya preparado y dispuesto para la partida. Saulo esperaba con especial emoción el momento de salir al Mar. Se encontraba haciendo su equipaje cuando el Filósofo le cogió del brazo y se lo llevó consigo a la calle.

—¿Dónde vamos, Maestro? —preguntó, sin obtener respuesta.

Cuando llegaron a las afueras del pueblo, muy cerca de los campos de cultivo, el Maestro, sin dar explicación alguna de su comportamiento, dijo:

—Lo que voy a preguntarte es fácil. Sólo debes prestarme mucha atención ¿de acuerdo?

Saulo asintió.

—Como sabes, cada agricultor se dedica a cultivar un cuadrado de tierras delimitado por común acuerdo hace muchos años. Cada uno de estos cuadrados lo llamamos era. De ese modo todos los agricultores tienen la misma superficie cultivable. Ésta es de unos tres mil pies de lado, algo así como seiscientos metros cuadrados ¿vale? Piensa que, de cada era, se deja libre una tercera parte, es decir, hay una tercera parte de cada era que no se cultiva. Es lo que llamamos barbecho. ¿Hasta ahora lo tienes todo claro?

El Maestro comprobó que Saulo le seguía en todas sus palabras.

—Pongamos que una familia se dedica en total a trabajar cinco campos. Teniendo en cuenta lo que te he dicho ¿qué área total de tierra cultivada tiene esa familia y qué área en barbecho? Además, quiero que me digas las longitudes de cada una de las tres partes de la era.

Saulo pidió papel y algo para escribir. El Maestro, muy previsor, se lo ofreció. El chico dibujó cinco cuadrados que representaban los cinco campos de seiscientos metros cuadrados. Dividió cada campo en tres partes más o menos iguales (su fuerte no era el dibujo). Al intentarlo comprobó que tenía dificultades. Las tres partes eran muy diferentes. Resolvió esto dibujando dentro de cada cuadrado un triángulo y dos trapecios. Averiguar el área de cada parte no era difícil: bastaba con dividir entre tres, pues las tres partes eran iguales. Si cada parte de la era tenía un área de seiscientos metros cuadrados, la familia trabajaba un total de dos mil metros cuadrados y dejaba en barbecho mil metros cuadrados.

Un poco más complicado fue determinar los datos de las longitudes de las tres zonas resultantes. ¿Cómo podía hacerlo? Él mismo se dio cuenta. Empezó con el triángulo. Aplicando una sencilla regla pudo determinar la altura del triángulo. Después de esto vio que el triángulo resultante era, a su vez, como dos triángulos con ángulos rectos opuestos. Gracias a un teorema de un tal Pitágoras (un Maestro que vivió varios milenios atrás) averiguó los lados que le faltaban del triángulo. Ya sólo le quedaba ver el último lado, el de los trapecios. Esto lo resolvió con una simple resta.

—Ya está —proclamó, triunfante—. Éstas son las soluciones que me pidió: el área de cada una de las tres partes de los campos, el total de áreas que trabaja la familia y el que dejan en barbecho y las longitudes de las zonas en las que se dividen las eras.

En contra de lo que suponía Saulo el Maestro no mostró el más mínimo interés por los resultados. Apenas echó un vistazo a los papeles. No era que no le importara, claro, era, simplemente que tenía confianza absoluta de que el chico había hecho correctamente todas las operaciones.

—Está bien, volvamos a casa.

Sin esperar a Saulo el Maestro regresó al pueblo. Quizá tenía prisa por continuar la escritura del libro con la Historia de Calambur. Pero si era así ¿por qué se había molestado en llevar a Saulo al campo a proponerle aquel problema? Saulo no entendía pero no le dio mayor importancia. Ya le quedaba muy poco para saber.

9

En casa casi todos tenían asuntos de los que ocuparse. El Maestro ultimaba el nuevo capítulo sobre Calambur, Judith se entretenía tejiendo, era su pasatiempo favorito, y Saulo pasaba más tiempo que nunca dedicado a no hacer nada. O sería más correcto decir que la emoción por el inminente viaje le impedía hacer algo. Tanto era así que, incluso, había descuidado mucho sus lecturas.

Pero no era sólo así en aquella casa. La poca actividad y el relajamiento eran la nota dominante en todo el pueblo. El progresivo aumento de las temperaturas había provocado esta actitud en los habitantes de Calambur. Apenas se oía nada en las calles. Sólo algunos insectos que, haciendo un esfuerzo, emitían sus sonidos bajo un Sol cada vez más abrasador. Bajo su luz, la Ciudad de Agua refulgía más que nunca.

Para aliviar la sed Judith sirvió en la mesa tres vasos y una jarra de agua. El maestros, al ver esto, tuvo una idea. Llamó a Saulo y le pidió que trajera un par de recipientes más.

—Veamos, Saulo —dijo—. En esta jarra hay capacidad para ocho vasos de agua, en esta otra la hay para tres y en esta para dos vasos. ¿De qué manera podemos conseguir que en la jarra más grande queden cuatro vasos sólo con verter su contenido en las otras dos?

Saulo no tardó mucho en dar su respuesta:

—Primero llenamos con la grande la jarra pequeña, de ese modo nos quedan seis vasos de capacidad. De la pequeña paso su contenido a la mediana y vuelvo a llenarla con la grande. Ahora nos quedan líquido suficiente para cuatro vasos en la jarra.

—Celebro la rapidez de tu respuesta —dijo el Filósofo.

El Maestro estaba cada vez más convencido de que Saulo debía ser su discípulo. Aún tenía planeado someterle a alguna prueba más pero decidió hablar con los Maestros ya para expresarles su propuesta.

En una de las reuniones que celebraban planteó el asunto.

—Ya sé que no es habitual que un Maestro elija por sí mismo a su discípulo y menos aún que esto se haga justo antes de la preparación del curso académico... Pero quiero pedirles que, debidamente reunidos en consejo, acepten mi petición de tener a Saulo como mi discípulo.

Algunos se sorprendieron.

—Pero si apenas lleva tiempo estudiando —observó uno.

—¿No es muy pronto para que sea tu discípulo? —preguntó otro.

—Un momento, amigos —el Médico tenía algo que decir— conocemos casos como éste y sabemos que algunos han acabado mal. ¿Qué cualidades ves en Saulo para haber tomado esa decisión?

El Filósofo respondió. Era el momento de hacer saber a todos las cualidades que poseía Saulo.

—Sus dotes para la Dialéctica y la Retórica han quedado más que demostradas en alguna ocasión, algunos de ustedes lo han comprobado y saben lo que digo. Es un chico con una inclinación natural hacia el estudio de cualquier disciplina y la lectura de libros de todo tipo. Muestra dotes extraordinarias para las Matemáticas y el Cálculo. La Aritmética y la Geometría no le son desconocidas y, además, parece apto hacia ellas. Es un chico muy despierto e inquieto. Le gusta preguntarlo todo, nunca se cansa de saber cosas.

Algunos Maestros pensaron que las palabras del Filósofo eran más que suficientes. Otros, más estrictos y fieles a las costumbres, prefirieron tomar la decisión en conjunto. El Filósofo les explicó que tenía prisa y les dio sus motivos. Ellos le entendieron y convocaron rápidamente el consejo. Para ello buscaron al resto de Maestros que no había acudido a la reunión. Tardaron un buen rato en encontrarlos a todos. Algunos habían ido a las montañas, otros estaban en la playa, otros paseaban por el bosque... Poco a poco fueron llegando todos a la Academia. El secretismo ante las razones de la reunión motivó el interés de muchos curiosos que también se acercaron allí. Pronto todo el pueblo estaba enterado de que los Maestros tramaban algo.

El Filósofo tuvo que volver a exponer las razones para que le permitieran tener a Saulo como discípulo. Esta vez lo hizo con más énfasis. Se esforzó mucho por convencer a sus compañeros. Después, los Maestros se reunieron en grupos y deliberaron su decisión. Debían tener varios factores en cuenta: el interés del chico por cualquier disciplina, su carácter, su comportamiento...

Los Maestros fueron transmitiendo unos a otros sus decisiones por grupos. La mayoría estaba a favor. El Maestro

Filósofo se alegró en cuanto lo supo. Sin embargo, había unos cuantos que mostraban sus dudas.

—¿No temes presionar al chico? —preguntó el Físico al Filósofo— ¿Sabes si está preparado para dedicar todo su tiempo al estudio?

Eran cosas que no podían saberse con simples pruebas. El Filósofo argumentó una vez más su decisión.

—Él siempre ha querido ser Maestro. Le encanta la lectura y siempre me está haciendo preguntas. No conozco otro niño que se interese como él por el mundo que le rodea.

Los Maestros más dubitativos acabaron por aceptar.

—Está bien —dijo uno de ellos en nombre de todos—. Saulo disfrutará de tu educación en exclusiva. Tendrá acceso libre a la Academia y acudirá a todas nuestras reuniones. Aprenderá más que los demás y en menos tiempo. Eso exige voluntad, constancia y esfuerzo. Seguro que es un buen discípulo. Por lo menos así lo deseamos.

El Filósofo agradeció a todos su apoyo. No sabía por qué estaba más excitado: si por el hecho de que le hubieran dado el visto bueno o por las ganas que tenía de decírselo a Saulo.

El Paleontólogo se acercó a hablar con él cuando ya se fueron casi todos. Apoyó su mano en el hombro de su amigo y le dijo:

—Mi padre tuvo mucho acierto al elegirte como su discípulo. Él te tenía mucha estima y te valoraba mucho. Llegaste a ser uno de los mejores —el Filósofo sonrió— pero recuerda lo que te pasó. Te dejaste llevar en demasía, creíste que lo sabías todo y pretendiste desafiar a los Maestros de la época dándoles una lección. Quisiste convencerles de que estaban equivocados en algunas de nuestras teorías más antiguas y no pudiste contra ellos. Les humillaste, cuestionaste sus conocimientos y, encima, pretendiste tener la razón hasta el final. Aquello casi te costó el destierro. ¿Recuerdas? Sí, claro que lo recuerdas.

El Filósofo asintió. En sus ojos se asomaba una mezcla de nostalgia y vergüenza.

—Sabes que a Saulo puede pasarle lo mismo, así que ándate con cuidado. Mi padre fue muy permisivo y abierto contigo y mira a lo que te llevó.

El Paleontólogo le había recordado al Filósofo un capítulo de su vida demasiado amargo. Por sus ideas revolucionarias y contrarias a las creencias de su época logró poner en su contra a todos los Maestros. Formó un gran revuelo de funestas consecuencias. Incluso fue acusado de herejía. No hubiera salvado el pellejo de no haber sido por la intercesión de su Maestro, el entonces Paleontólogo. Éste logró convencer a todos de que el Filósofo no tenía ninguna voluntad de ofender a nadie. Que, ni mucho menos quería hacerles daño, sólo hacerles pensar.

—Lo que llegaste a decir fue muy duro —dijo el Paleontólogo.

Pero el Maestro no había dado ni un solo paso atrás.

—Pues así lo sigo pensando —contestó.

El Paleontólogo respondió:

—Ya sé que es muy difícil hacerte descabalgar de tus ideas. Sólo digo que tengas cuidado con Saulo. No quieras hacer de él lo que tú no llegaste a ser.

* * *

Saulo pintaba la cerca del jardín cuando vio llegar al Maestro. Venía apresurado y parecía que quería decirle algo. «Deja eso», le dijo. Saulo limpió a toda prisa la brocha que estaba utilizando y entró en casa. Judith ya estaba sentada. Madre e hijo estaban extrañados. El Maestro habló.

—Lo que voy a decir ahora, Judith, es muy importante para tu hijo y así quisiera que lo interpretaras —Judith frunció el ceño y Saulo abrió los ojos todo lo que pudo—. Quiero que sepas que es una decisión que he tomado libremente y, además, cuento con el beneplácito de todos los Maestros. Ahora sólo me falta tu aprobación. Me gustaría que Saulo fuera mi discípulo.

El chico se emocionó tanto que se quedó sin habla (algo muy inusual en él). El rostro de Judith, sin embargo, se ensombreció.

—Mamá, ¿por qué estás tan seria? ¿No te alegras?

Judith dijo:

—Saulo, por favor, déjanos solos al Maestro y a mí.

Antes de volver al jardín Saulo abrazó al Maestro en señal de cariño. Cuando ya estuvieron solos la madre habló.

—¿Qué pretende?

El Maestro no entendía.

—¿A qué te refieres?

—Una cosa es que a Saulo le guste leer y todo eso y otra cosa es que se dedique de lleno al estudio. ¿Qué pretende? ¿Convertirle en uno de ustedes?

—¿Cómo?

—Sí, sabe bien lo que digo. En un viejo cascarrabias que apenas se relaciona con la gente.

—Pero ¿qué dices? Los Maestros no somos así.

—No me diga eso, usted sabe que sí. Sus papeles, sus libros, sus carpetas, sus mapas... ¡Todo eso les absorbe! ¿Qué quiere? Sólo se dedicará al estudio, estará todo el día metido en casa. Siempre solo.

El Maestro no estaba dispuesto a perder la réplica.

—Eso no tiene por qué ser así —dijo.

—¡Pero lo será!

El Filósofo no había visto nunca tan enfurecida a Judith por aquel tema y eso que discutían por aquello normalmente.

—Déjame hablar, Judith. Tu hijo tiene un potencial intelectual enorme. Llegará a ser muy sabio. Podría hacer muchas cosas por nuestro pueblo.

—¿Y qué me dice de estudiar solo? ¿Sin los otros niños? Va a convertirse en un bicho raro. Le mirarán como si fuera un monstruo.

—Judith, no debes preocuparte por eso. Compartirá las clases con el resto de chicos y chicas de vez en cuando. Saulo es muy sociable y nunca le faltarán amigos. Comprende que yo sólo quiero demostrar su valía y te aseguro que él vale mucho

Pero Judith no atendía a razones. En el fondo sabía que tendría que resignarse. Que Saulo sería el discípulo del Filósofo por mucho que a ella le pesara. Al fin se calmó.

—Usted le quiere mucho.

—Sí —dijo el Maestro.

—No hará nada que pueda afectarle.

—No.

—Está bien, está bien.

De este modo empezaba Saulo a ser discípulo oficial del Filósofo. A partir de aquel momento comenzaba para él una aventura llena de emociones, obstáculos, riesgos, penurias y premios... La aventura del conocimiento.

10

Llegó el momento de partir hacia la Ciudad de Agua. Saulo apenas había dormido. Tenía sus maletas preparadas con todo lo necesario. Él y su madre esperaban a que el Maestro terminara lo que estaba haciendo en el jardín para irse ya.

Cuál fue su sorpresa cuando le vieron entrar en casa con una maleta y una bolsa además de con nuevo aspecto.

–¿Qué ha hecho con su barba? –preguntó.

El Maestro llevaba tiempo queriendo cambiar de imagen y se había afeitado para la ocasión.

–¿Y eso? –preguntó Judith señalando su equipaje.

–Me voy contigo, Saulo –dijo él.

–Pero, Maestro, ¿qué hará con la redacción del capítulo?

El Filósofo les enseñó unos cuantos papeles escritos por él.

–Eso está resuelto. Antes de ir a la playa pasaremos a dárselos a algún Maestro para que se encargue de ellos.

–¿Y no ponen ninguna objeción a que vaya a la Ciudad de Agua? –preguntó Judith.

–No sé –dijo el Maestro–, no les he preguntado.

Al chico le alegró la noticia. Así no se sentiría tan solo.

–A partir de ahora, Saulo, allá donde vayas tú iré yo y viceversa.

–¿Qué significa viceversa? –preguntó Saulo.

–Ya te lo explicaré de camino.

En la playa se agolpaban los familiares y amigos de los que partían hacia la Isla. Nada menos que tres embarcaciones fueron preparadas para el viaje. Como la marea estaba muy baja los voluntarios eran transportados hasta las embarcaciones con barcas. Saulo y el Maestro ya habían subido a la suya. Judith se despedía de ellos agitando un pañuelo.

–Pórtate bien, hijo, nos veremos dentro de poco.

Ya habían salido de la orilla cuando la madre gritó:

–¡Ah! ¡Y cuida del Maestro!

Saulo rió y miró al Filósofo. Sin la barba parecía rejuvenecido. También para él empezaba una nueva etapa. Mientras se alejaban cada uno de ellos pensaba en algo distinto. Los de la costa, a su vez, se iban empequeñeciendo. Saulo, pensaba que estaba dispuesto a disfrutar lo más posible de las experiencias que iba a vivir. El Maestro, por su parte, en que, quizá, podía ser el inicio de algo muy bueno, aunque no sabía muy bien de qué. Ninguno de los dos podía imaginar, ni remotamente, que jamás volverían al mismo Calambur del que partían.

* * *

Los tres navíos que se dirigían a la Ciudad de Agua tenían nombres de antiguos descubridores ilustres: Colón, Núñez de Balboa y Magallanes. Saulo y el Maestro viajaban en este último, el más grande de los tres y de cuantos se construyeron en Calambur. Aquellos barcos contaban con un doble sistema de propulsión que combinaba la vela con el remo, dependiendo de las características de las aguas, la velocidad requerida...

En los últimos tiempos la flota de Calambur se había resentido bastante. Se vio gravemente mermada por culpa de algunas expediciones fallidas. Para la última se destinaron los más ligeros y veloces. Era la expedición más ambiciosa que se llevaba a cabo de cuantas se habían realizado. No en vano se pretendía llegar más allá de lo que se había explorado hasta el momento. Su final, tan triste y dramático, la convirtió en uno de los episodios más trágicos y a la vez míticos de la Historia de Calambur. Los que viajaban en aquella expedición (entre ellos, el padre de Saulo, llamado León, que capitaneaba uno de los navíos) fueron elevados a la categoría de Héroes.

Precisamente en su padre pensaba Saulo mientras miraba el Mar. Acodado en la barandilla de popa veía alejarse la costa poco a poco.

«Algo así debía sentir mi padre cuando salía en barco —se decía—. Por un lado, la nostalgia de dejar atrás a los seres queridos. Por otro, la esperanza puesta en sus sueños, en sus objetivos, la ilusión de hacer algo emocionante. ¡Pero qué digo! ¡Cómo puedo compararme con mi padre! ¡El gran León el Fuerte! Él buscaba otras tierras, otras civilizaciones con las que establecer relaciones. Yo sólo voy a limpiar una ciudad».

—¿Qué pasa, Saulo?

La voz del Filósofo sacó al muchacho de sus pensamientos.

—Maestro, ¿por qué el hombre tiene ese afán por descubrir nuevas cosas?

El Maestro meditó su respuesta.

—Verás, cuando creemos que conocemos lo que hay a nuestro alrededor queremos ver más. No nos parece suficiente lo que hay a nuestro alcance. El hombre tiene esa necesidad milenaria por salir de sus propias fronteras. Nuestro pueblo, por ejemplo, ha tardado mucho en conocer lo que hay en las montañas, lo que se esconde en el desierto, lo que hay más allá del bosque de coníferas. Cuando los antiguos exploradores consiguieron alcanzar todo el territorio a su abasto no se conformaron. Quisieron saber más.

—Así que de lo que se trata es de un ansia de conocimiento.

—En efecto.

—¿Y qué papel juegan los Dioses en esto?

Era una buena pregunta. El Maestro se vio en un apuro para contestarla.

—Ellos, entre otras cosas, tratan de mantener el hombre a raya.

—¿Cómo? ¿No nos permiten hacer lo que queramos?

—Yo no he dicho eso. Me explicaré: los Dioses tienen el trabajo y la obligación de suministrar al hombre el conocimiento justo en el momento preciso, además de otras muchas cosas.

Saulo, que miraba al maestro durante la conversación, volvió a dirigir su mirada al Mar. Ya sólo se distinguía la larga sierra de montañas que abrigaban Calambur.

–Entonces, ¿mi padre murió porque no era el momento de saber?

El Maestro dejó sin respuesta aquella pregunta.

* * *

Los primeros pobladores de Calambur eligieron establecerse entre el Mar y las montañas por una cuestión estratégica. Dicen los escritos que las gentes de Calambur eran esclavos escapados de una ciudad cuyos dominios llegaban hasta un bosque de altas coníferas. Esta ciudad era la más poderosa, no sólo de la región, sino de todo el territorio conocido. Debido a desavenencias políticas entre dos poderosos bandos de la sociedad se produjo una guerra civil. Los que trabajaban sometidos a ellos aprovecharon el clima de desorden y confusión para marcharse de allí. Se dice que la guerra fue tan dura que apenas quedaron supervivientes. Los esclavos tardaron largo tiempo en atravesar el largo desierto. En su periplo se encontraron con grandes dificultades. Sus ruegos a los Dioses no fueron suficientes. Pasaron sed y hambre. Muchos murieron agotados. Otros, desesperados, volvieron al lugar del que habían huido. Allí donde la guerra lo había arrasado todo. Allí donde ya no quedaba nada.

Pero no todo fueron miserias. Apiadándose de ellos, los Dioses les bendecían con lluvias y les procuraban alimentos. Las condiciones mejoraron notablemente cuando llegaron a las montañas. El primero en divisarlas fue un tal Jacob. Allá a lo lejos se erigía una extensa cordillera plagada de picos y cimas. Entonces sintieron que su largo peregrinaje obtenía recompensa. Unas cuantas Lunas después pudieron establecerse allí. La vegetación y la fauna eran abundantes. Empezaron los buenos tiempos. Aunque allí todo les fue bien quisieron seguir adelante. Cruzar la sierra hasta llegar al otro lado era un riesgo que estuvieron a punto de acometer. No fue nada fácil. Una vez más tuvieron que luchar contra los elementos. Una lucha a todas luces desigual. Las condiciones climáticas variaban constantemente. Muchos enfermaron víctimas de fiebres y vómitos. Pasó mucho tiempo hasta que llegaron al otro lado. Una vez allí no pudieron creer lo que veían. Ante sus atónitos ojos se extendía una inabarcable masa de agua. Nadie había visto nunca nada igual. Antes de bajar al nuevo territorio recién descubierto decidieron esperar un tiempo en las montañas a que el cielo se calmara. Las lluvias y alguna que otra tormenta habían sido más que frecuentes. Aquella intuición les previno de salvar sus vidas. Una gran tromba de agua se desató sobre ellos. La situación se prolongó largo tiempo. A esto se añadía el continuo y paulatino ascenso de las aguas de aquel Mar que acababan de descubrir. Es en este punto cuando se confunden las especulaciones acerca del diluvio que arrasó con todo. Algunos decían que la causa fueron las lluvias pero otros aseguraban que esto ocurrió después por motivos desconocidos. Ni unos ni otros pudieron nunca demostrar sus tesis. Lo que sí es cierto es que tuvo que pasar mucho tiempo hasta que las tormentas amainaron y las aguas volvieron a su nivel natural. Varias generaciones nacieron y murieron en Calambur entre aquellos acontecimientos. Esta vez no lo dudaron. Era el momento oportuno para ocupar las tierras que habían descubierto. Pronto comprobaron que en las faldas de la montaña abundaba la vegetación. El clima era agradable, tirando a caluroso, y la tierra muy fértil. Lo primero que hicieron fue edificar un Templo en honor a los Dioses, quienes les habían protegido durante el diluvio. A ellos les debían las recompensas a sus esfuerzos. Sin embargo, cuentan algunos que esto no fue así, que el Templo ya estaba cuando ellos llegaron. Esto explicaría la incógnita acerca de la procedencia del material del que estaba hecho. Nunca se aclararon respecto a esto. Calambur prosperó con el tiempo. La idea de llamar así al nuevo pueblo provino de un sabio. Era un hombre tranquilo y sereno que insistió siempre en cargar con aquellos enormes y pesados baúles que contenían cientos de libros y papeles. Estos baúles pertenecían a los primeros hombres de Ciencias que salieron de la ciudad en guerra. Pese a la oposición de algunos (porque resultaban una carga innecesaria), los baúles les acompañaron en su larga travesía.

Cuando fue necesario establecer una forma de gobierno se estableció que fueran siete los representantes políticos ya que, en su origen, fueron siete los esclavos que pusieron en marcha el plan de escapar de aquella ciudad opresora. De este modo fueron siete las mujeres que tomaron las riendas de la vida pública de Calambur. Aunque jamás dictaron órdenes ni impusieron su criterio ya que promulgaban un poder repartido entre todos los habitantes. Cada uno era responsable de sí mismo y de los que le rodeaban. En su primera Asamblea las Siete Mujeres tomaron decisiones que nunca se vieron cuestionadas ni rebatidas. Determinaron que la sociedad de Calambur se dividiría en tres únicos bloques: en el primero y más importante, las propias Mujeres, que eran las mandatarias máximas, en el segundo, los Soldados y Artesanos por igual, conformando la población activa y, finalmente, los Maestros. Cada uno de estos bloques tenía su propia jerarquía. Por ejemplo; aunque se les llamara genéricamente Soldados a todos se podía distinguir entre Soldados, Guerreros, Expedicionarios, Estrategas... Después de esto se ordenó la redacción de dos libros: el primero contendría la Ley Sagrada, libro que recogería las virtudes, derechos y deberes de los hijos de Calambur. El segundo: el llamado Libro

Segundo de los Hechos, pretendía ser la continuación de otro conocido libro muy presente en la vida y cultura de los habitantes de Calambur. En éste se darían cuenta de los acontecimientos acaecidos desde la catástrofe de las aguas. Y no sólo recogería lo referente a Calambur sino a todas las civilizaciones cercanas y conocidas.

La construcción de casas, lo que conllevó al establecimiento definitivo de aquella tribu nómada, fue el siguiente paso. Así pues quedaba normalizada la vida en Calambur. Una tribu que, bajo la mirada no siempre benigna de los Dioses, había alcanzado sus propósitos. Calambur, el pueblo que hizo realidad sus sueños.

SEGUNDA PARTE

… a mediodía camina erguido…

1

Saulo buscó al Filósofo por toda la cubierta. Al fin lo encontró encaramado en una barandilla.

—Tenga cuidado, Maestro, podría caerse.

El Filósofo se volvió hacia el chico. Tenía la cara del mismo color que una lechuga. Sin duda el viaje no le estaba sentando muy bien.

—Sólo estoy un poco mareado —dijo.

Saulo se sentó a su lado para hacerle compañía. Había pasado largo rato dándole vueltas a un asunto. Desde que la vio en las pruebas de selección no había vuelto a encontrarse con Laura. La había buscado entre la tripulación del Magallanes pero no consiguió dar con ella. Lo más probable era que ella viajara en alguno de los otros barcos.

De pronto, oyeron un aviso. El vigía, subido en el palo mayor, gritaba lo que todos esperaban oír. A poca distancia podía divisarse ya la Ciudad de Agua. Todos acudieron a proa para verla. Había emergido completamente. Los altos edificios se recortaban en el horizonte. A Saulo le dio un respingo el corazón.

El desembarco fue muy animado. Todos estaban contentos por haber llegado sin dificultades. Los encargados pronto se dispusieron a organizar el trabajo. El único que estaba eximido de limpiar era el Maestro. El resto, sin excepción, tendría que dedicarse a ello plenamente. Él pensó dedicar su tiempo libre a dar paseos por allí o a quedarse en el barco leyendo alguno de los libros que se había llevado.

Los organizadores formaron diez divisiones de trabajadores. Cada grupo se encargaría de una zona distinta de la Isla. El trabajo era relativamente fácil. Debían habilitar las calles y limpiar las fachadas para preparar la llegada del resto de gente que estaba en Calambur. Después, cada familia ya se encargaría de su propia vivienda. A cada uno de los limpiadores se le dotó con el material necesario. Paños, cubos, cepillos... Cuando ya estuvieron preparados se dispusieron a entrar en la Ciudad. La división de Saulo estaba dirigida por un estricto Soldado que se tomaba muy en serio su trabajo. Todos juntos se dirigieron a la parte de la Ciudad que les había sido encomendada: el centro. El paseo hasta llegar allí causó la admiración de más de uno. Saulo, por supuesto, no podía dejar de mirarlo todo. Los altos edificios le asombraban. «¿Cómo se sostendrán?», se preguntaba. Anduvieron por una larga avenida bajo un Sol que calentaba bastante. Como las calles estaban aún mojadas el oro multiplicaba su brillo causando un efecto a veces doloroso además de conferir a la Ciudad un aire mágico. Algunos edificios estaban derrumbados: eran sólo montones de piedras y escombros. Lo que más sorprendió a Saulo fue el hecho de que aquel pequeño punto brillante que se veía desde la costa fuera tan enorme visto desde dentro. La plaza era, sin ningún género de dudas, mucho más grande que la de Calambur. Estaba adoquinada con piedras de oro casi en su totalidad.

—¿Ven esos agujeros?

El Soldado se refería a las alcantarillas.

—Ahí es donde deben arrastrar todo el barro y el agua que encuentren.

Saulo apenas escuchaba. Estaba embelesado con lo que veía. A un lado de la plaza se levantaba un edificio de belleza singular. Su fachada estaba protegida por varias columnas, algunas de las cuales, como era de esperar, estaban recubiertas hasta arriba de oro. Tenían estas columnas un grosor y un tamaño descomunales. Más allá había un edificio parcialmente derruido que conservaba una parte acristalada. Era muy alto y refulgía con fuerza bajo el Sol.

—¡Eh, muchacho! ¿Es que no tienes ganas de trabajar?

Saulo tardó en darse cuenta de que se referían a él. El Soldado le miraba furioso. Sin más dilación se puso manos a la obra. Con su cepillo fue empujando el barro que quedaba atrapado en las puertas de los edificios, en los rincones, en las esquinas... Todos hacían su trabajo con rigurosa eficacia. Saulo se sentía muy a gusto en aquel ambiente de compañerismo y colaboración.

* * *

Harto de pasearse por la cubierta, el Maestro decidió bajar a los camarotes. Quizá encontrara un sitio donde pudiera leer a gusto. De paso por allí buscó la puerta de la bodega. Su afición a los buenos vinos le hizo entrar a curiosear. Se desilusionó al ver que apenas había tres o cuatro barricas hacinadas en un rincón. Buscando un recipiente con el que poder probar alguno de los vinos oyó un ruido. Buscó su origen mirando entre los bultos que por allí se repartían. Pensó que se trataría de algún ratoncillo o algo así. Nada más lejos. Escondido en un rincón vio a un muchacho que estaba acurrucado. Parecía muerto de hambre. El Maestro lo llevó arriba donde le dio ropa nueva y algo de comer.

—Menudo pillo estás tú hecho —le dijo. ¿Por qué estabas escondido?

El chico tragó antes de responder. Por lo menos estaba bien educado.

—Quería venir a la Ciudad de Agua. Me presenté a las pruebas de selección de limpiadores pero no me admitieron.

El Filósofo comprendió. El chico sólo quería disfrutar de la Isla, como todos.

—Avisaré a un Soldado y le diré que te lleve con los demás. Ya que estás aquí tendrás que colaborar.

Antes de que el chico se marchara el Maestro quiso saber su nombre.

—Oye, no me has dicho cómo te llamas.

El chico se volvió y se lo dijo:

—Mi nombre es Abel.

* * *

Llegó el momento de hacer un descanso. Saulo aprovechó para entrar en aquel edificio que le había fascinado tanto. Preguntó si podía al Soldado y este le dijo que anduviera con ojo. Saulo encontró un lugar por el que pudo entrar. Si desde fuera el edificio ya era bello su interior era sencillamente majestuoso. A través de unos grandes ventanales situados a gran altura entraba la luz hiriendo la oscuridad del interior. Apenas se oía nada. Sólo los pasos de Saulo. Allí dentro se respiraba una quietud y serenidad totales. Todo era magnífico y elegante. Las paredes estaban decoradas con dibujos preciosos. El suelo presentaba mosaicos y cenefas sinuosas. Saulo avanzó hasta ver una escalinata. Le sorprendió ver a alguien sentado a los pies de ésta. En cuanto se acercó un poco pudo distinguir de quién se trataba. No había nadie a quien Saulo deseara ver más.

—Hola, Laura, ¿qué haces aquí?

La chica le hizo un gesto para que callara. Él se sentó a su lado. Sin decirse nada estuvieron mirándose un buen rato. Al cabo, Laura habló.

—Me alegro mucho de verte.

Saulo sonreía atontado.

—Cuando terminemos esta jornada podríamos vernos, ¿quieres?

Saulo asintió.

—Ahora tengo que irme. Ha terminado mi descanso. Adiós.

Laura se marchó del edificio por una salida practicada detrás de la escalinata. Hasta que no dejó de oír sus pasos Saulo no movió un solo músculo. «Seguro que le he parecido un estúpido», pensó por su actitud callada. Hubiera seguido allí, pensando en ella, de no haber sido porque uno de sus compañeros le avisó de que su descanso también había finalizado.

Al salir del edificio, de nuevo bajo el calor sofocante, Saulo se encontró con una sorpresa. El Soldado tenía a un chico a su lado a quien él conocía bastante bien. «Creía que no le habían admitido», pensó.

—Saulo, ven aquí —dijo el Soldado—. Este chico me ha dicho que sois amigos, así que de ahora en adelante trabajaréis juntos, ya que no queda más material de limpieza.

A Saulo se le cayó el cielo encima. Abel le dirigió una mirada retadora.

—Cuánto tiempo sin vernos —le dijo—. O, mejor dicho, sin hablarnos. Espero que no me guardes rencor.

Saulo sólo dijo:

—Tú frotas y yo limpio.

* * *

Al final de la jornada todos estaban agotados. Buena parte de la Ciudad ya estaba limpia pero aún faltaba mucho. Saulo había trabajado lo suyo y, aunque tenía ganas de descansar, deseaba encontrarse con Laura. Abel se había comportado y no le molestó mucho. Sólo de vez en cuando le proponía hacer alguna gamberrada por allí pero Saulo hizo oídos sordos. De regreso al barco entabló conversación con un joven llamado Marcos, que también colaboraba en las tareas de limpieza. Marcos le contó que tenía intención de formar una familia con una chica.

–Cuando venga nos casaremos aquí, en la Ciudad de Agua. Bueno, eso si nos deja su padre.

–¿No contáis con su aprobación? –preguntó Saulo.

El joven ensombreció su rostro.

–Su padre es un hombre muy serio. No quiere que ella se case con un simple Artesano. Hago utensilios de cerámica ¿sabes?

Saulo animó a Marcos.

–Seguro que todo os sale bien.

Lo que hizo la mayoría al embarcar fue irse directamente a dormir. Saulo ni siquiera subió al barco. Decidió esperar a Laura en la playa. Su barco, el Colón, no estaba muy lejos. Seguro que no tardaría. Al rato la vio llegar. También parecía cansada pero seguía igual de guapa.

–Hola Saulo. Perdona el retraso pero es que he ido a cambiarme.

El chico ni se había dado cuenta. Pronto intentó solucionarlo.

–Oh, sí, claro, es muy bonito ese vestido. ¿Damos un paseo?

¡Qué ganas tenía Saulo de poder hablar con Laura! Bueno, eso si conseguía pronunciar palabra. Pero antes de que pudieran dar un sólo paso les frenó la voz del maestro que llamaba a gritos a Saulo. El Filósofo hizo caso omiso de Laura.

–Saulo, chico, te he estado buscando por todas partes. ¿Dónde te habías metido? Da igual, ya me lo contarás luego. Anda, ven conmigo, tenemos muchas cosas que estudiar.

Saulo cogió al Maestro del brazo y se lo llevó a un lado.

–Pero Maestro, ¿no ve que estoy acompañado? Iba a dar una vuelta con...

Pero el Maestro no atendía a razones.

—Nada, nada, ya tendrás tiempo de eso más tarde. Yo he venido contigo para empezar cuanto antes tu aprendizaje y eso es lo que vamos a hacer.

Saulo apretó los dientes. No tenía escapatoria. Fue a despedirse de Laura.

—Lo siento mucho pero es que...

La chica ya se había dado cuenta de lo que pasaba.

—No te preocupes, ya nos veremos en otra ocasión.

En aquel momento bajaba Abel por la rampa de embarque. Fingió estar buscando a Saulo pero no le hizo ni caso en cuanto vio a Laura. Le preguntó si quería acompañarle a cubierta a jugar con él y los otros. Ella miró a Saulo y dijo que sí. Saulo se quedó abajo con el Maestro. Estaba rojo de furia. Aquello era lo que le faltaba.

—Venga, chico, tenemos mucho que hacer —remató el Filósofo.

El paseo por los alrededores de la Ciudad fue de lo más interesante y enriquecedor. El Maestro habló largo rato sobre una extraña y algo complicada teoría de la evolución natural que a Saulo se le antojó aburridísima. Casi no le atendió. Bastante tenía con remorderse la conciencia.

—Bien, Saulo, creo que como primera lección ya está bien. Ya seguiremos hablando de esto más adelante.

Pero Saulo no deseaba más que volver al barco. Quizá tuviera suerte y aún podría ver a Laura. No fue así. Los pocos que quedaban despiertos eran los Soldados encargados de hacer la guardia. Saulo maldijo su suerte. El Maestro, ajeno a su problema, se fue a dormir despidiéndose con toda naturalidad. El chico tardó un poco en hacer lo mismo. Pensativo miraba el Mar. Un Soldado se acercó a él.

—Ya falta poco para que empiece a declinar el Sol ¿eh?

—¿Nos dará tiempo a preparar la Ciudad de Agua para que vengan todos? —preguntó Saulo.

–Así tendrá que ser. Antes de que venga la Noche tiene que estar todo listo.

Saulo bostezó. Tenía sueño y decidió acostarse. Había que trabajar duro y era necesario coger fuerzas. Antes de bajar a su camarote pensó en su madre. Ella, lejos, también deseaba encontrarse con él lo antes posible.

2

En Calambur ya se habían iniciado los preparativos para partir hacia la Ciudad de Agua. Las gentes cargaban con sus equipajes en alguna de las cinco grandes embarcaciones preparadas para el viaje. Judith hacía lo propio en su casa. Nunca le había costado preparar su equipaje pero ahora tenía dificultades. No acababa de decidir qué cosas le serían necesarias. Por lo menos tenía el alivio de que Saulo y el Maestro ya estaban allí. No tenía que ocuparse, además, de ellos. Pidió ayuda a un vecino para transportar las cinco cajas que preparó en total.

En la playa la gente iba y venía. Antes de zarpar se iba a celebrar una Asamblea extraordinaria a la que era obligatorio asistir. En ella se iba a leer el último capítulo escrito sobre la Historia de Calambur. Además, las Siete Mujeres debían dar cuenta de las medidas de seguridad que se iban a adoptar durante la ausencia de la población. Los Soldados anunciaron con trompetas y tambores el inicio de la Asamblea. Todo el pueblo acudió a la plaza con rapidez. El acto tardó en comenzar porque una de las Mujeres se retrasó considerablemente. Cuando estuvo presente se leyó el nuevo capítulo del Libro Segundo de los Hechos. El Maestro encargado, un hombre serio, le dio un tono tan solemne que algunos se aburrieron soberanamente. El capítulo, escrito por el Filósofo, empezaba así: "Y las lluvias cesaron. Y los cielos volvieron a abrirse. Y el pueblo de Calambur volvió a respirar bajo el Sol protector..." Judith prestaba toda su atención. Sabía que el Filósofo había dedicado al texto mucho empeño y esfuerzo. Cuando el Maestro terminó de leer todos los presentes le aplaudieron. Era el momento de informar sobre las medidas de seguridad que iban a adoptarse. Una de las Mujeres dio la palabra a un guerrero. Se trataba de un hombre muy destacado que había participado en varias expediciones. Algunas de ellas de éxito notable. Como aquella que llevaron a cabo en las montañas en la que se conoció la existencia de la tribu de los valdarianos. Quisieron que vivieran con ellos en Calambur pero lo más que consiguieron fue su promesa de colaboración cuando hiciera falta. Desde entonces las relaciones entre ambos pueblos fueron correctas y satisfactorias.

El Guerrero habló:

–Un tercio de los Soldados se quedará aquí para guardar el pueblo. El resto viajará a la Isla. Periódicamente se establecerán turnos de relevo con el fin de que nuestro pueblo esté continuamente protegido.

A juicio de Judith era muy extraño que se destinaran tan pocos efectivos para la protección del pueblo. Lo normal era que más de la mitad se ocupara de ello. Lo de los turnos era una novedad que no acabó de gustarle y no estaba de acuerdo. Hizo ademán de levantarse para expresar su discrepancia pero un hombre se le adelantó.

–¿No son muy pocos?

El Guerrero que había dado los datos, lejos de ofenderse por ver cuestionada la resolución, contestó con calma.

–Querido amigo, no hay de qué preocuparse. Es ya mucho el tiempo que llevamos haciendo estos viajes y apenas hemos tenido problemas. Créame. Un tercio de los Soldados para proteger el pueblo es más que suficiente.

Cuando se terminó de informar a la población de todo lo referente a la protección de Calambur se pasó a hablar de la organización en el momento de embarcarse. Uno de los barcos cargaría única y exclusivamente con comida. Sería el primero en zarpar. En los otros cuatro viajaría la gente. Tras planificar los viajes una de las Mujeres dirigió unas palabras al pueblo.

—En nombre de las Siete Mujeres os digo que deseo que vuestra estancia en la Ciudad de Agua sea feliz y dichosa. Disfrutad con vuestras familias y amigos. Sed prudentes y no malhumoréis a los Dioses.

Aquellas últimas palabras eran premonitorias de algo que pasaría en breve. Aunque nadie lo sabía.

* * *

Saulo y el resto de voluntarios daban los últimos retoques a sus respectivas zonas de la Ciudad de Agua. Habían conseguido limpiarla en un tiempo récord. Para celebrarlo fueron a remojarse en la playa. Saulo iba con la esperanza de encontrarse con Laura. No tardó en encontrarla cerca de la orilla. Fue a su encuentro pero frenó sus pasos en cuanto se dio cuenta de que estaba acompañada por Abel. A Saulo le pareció que se divertían bastante juntos y aquello le hizo daño muy adentro. No quiso interrumpirles y fue en busca del Filósofo. Éste le notó entristecido en cuanto le vio.

—Me han dicho que ya habéis terminado pero tú no pareces muy contento.

El chico se sentó sobre una piedra. El Maestro le propuso que salieran a dar un paseo y a Saulo le pareció buena idea. Quizá de aquel modo podría quitarse de la cabeza el pensamiento que le atormentaba: la dulce Laura junto al desagradable Abel.

Al Maestro le dio por hablar de algunos personajes históricos. Habló de sus vidas, de sus méritos, de sus hazañas... Saulo atendía sin mucha devoción. Sólo aguzó el oído cuando le oyó hablar de una tal Martina de Cloe.

"Ella fue una de las figuras más sobresalientes de nuestra Historia. Fue la primera mujer que consiguió ser Maestra. Esto, como sabes, estaba prohibido. Pues bien, ella consiguió cambiar aquella estúpida Ley. Esto sucedió cuando, ya iniciado el éxodo, nuestro pueblo anduvo cercano al hasta entonces ignoto y misterioso bosque de coníferas. Establecidos en campamentos nómadas los que son nuestros antepasados tenían unas vidas más o menos normales. Martina de Cloe, entonces una bella muchacha que no había demostrado aptitudes especiales, habló con uno de los Maestros que entonces había. Era un hombre dedicado al estudio de piedras, minerales y ese tipo de cosas. La chica le pidió ser su aprendiz. Él se extrañó mucho al principio pero aceptó. En realidad no había ninguna razón para lo contrario, sólo aquella absurda Ley. Martina de Cloe destacó pronto entre el resto de estudiantes. Ya puedes imaginar lo orgulloso que estaba su Maestro de ella. La llevaba con él a todas partes. No sólo hablaban de piedras (un tema, para mi gusto, bastante aburrido) sino de otras disciplinas en general. La chica no tardó en ser propuesta Maestra. Esto causó un gran revuelo. La mayoría de Maestros se negó. Pero fue tal la insistencia que ella y el Minerólogo pusieron, fue tal la presión que ejercieron los que estaban a favor que la Ley acabó derogándose. Además de inteligente debía ser muy guapa porque a partir de aquel momento muchos se pelearon por pasar un rato con ella con el pretexto de que les transmitiera sus conocimientos. Algo así como lo que tú y yo solemos hacer. Saulo ¿me escuchas? Como iba diciendo... Martina de Cloe fue la principal impulsora en el proyecto de atravesar el bosque de coníferas. Ante la negativa de la mayoría decidió reclutar a unos cuantos con los que explorar la zona para demostrar que no había peligro. Como ves, además de interesada por el estudio lo estaba por otros campos. Después de esto convencieron al pueblo de adentrarse en el bosque de coníferas. Sus investigaciones debieron ser muy superficiales ya que pronto sufrieron el ataque de los que por allí vivían. Ella no podía dar crédito a lo que pasaba. Estaba prácticamente segura de que no vivía nadie por allí. Evidentemente se equivocó y aquello le costó caro. Por fortuna pudo escapar y se refugió junto con otros que también habían huido. La situación era delicada: la gran parte de ellos había sido secuestrada por los Simios, llamados así por su peculiar modo de andar y sus particulares bramidos. A Martina no le echó hacia atrás esta circunstancia y elaboró un plan para liberar a los secuestrados. El plan era el siguiente: algunos de los que quedaban libres volverían al bosque con el fin de ser apresados por los Simios. Ellos harían de cebo. Martina les acompañaría. En cuanto vieran a los Simios cargar contra ellos les darían caza. A fuerza de someterles a crueles castigos consiguieron sonsacarles el lugar exacto donde estaban apresados los otros. El resto fue coser y cantar. Los Simios, totalmente desprevenidos, no pudieron hacerles frente a pesar de que eran muchos. Martina y sus compañeros lograron así salvar a los otros. Lo más curioso de todo, querido Saulo, y esta es la enseñanza que hemos de aprender, es que los Simios, lejos de enfadarse y enfurecerse por haber sido superados y engañados, les declararon su afecto y les reconocieron como amigos. Tanto fue así que les ayudaron a orientarse a través del bosque de coníferas. La leyenda dice que los Simios sobrevivieron a las inundaciones.

¿Sabes cómo? Subiéndose a las copas de sus altas coníferas. Curioso ¿verdad? Respecto a Martina de Cloe, fue considerada heroína por su pueblo a pesar de haberlo puesto en peligro".

A Saulo le pareció una interesante historia. No era la primera vez que había oído hablar de Martina de Cloe. Su vida era una leyenda y, como tal, cada uno la contaba a su manera. Sin ir más lejos Saulo había oído, por lo menos, un par de finales diferentes al que le había contado el Maestro.

Cuando llegaron a la playa vieron cómo se descargaban cajas de comida y animales de un barco recién llegado. Saulo supuso que el barco en el que viajaba su madre no tardaría en llegar. Y, en efecto, fue así. Judith estuvo abrazando y besuqueando a su hijo largo rato. Después sometió al Maestro a un intenso interrogatorio para saber cómo se había comportado su hijo.

–Tranquila, se ha portado muy bien –Saulo se ruborizó–. Tu hijo es ya casi un hombre. No debes preocuparte por él.

Cuando ya todo el pueblo de Calambur se halló en la Ciudad de Agua se precedió al reparto de las viviendas. Las familias ocupaban los inmuebles que, tradicionalmente, ocuparon sus antepasados. El ambiente en la Isla era de alegría y fraternidad. Todos se ayudaron mutuamente a descargar y transportar sus cosas. Todo finalizó con una gran fiesta de celebración. Los calambureños, congregados en la gran plaza, bailaron y se divirtieron a placer. Los Maestros, siempre dedicados a lo suyo, paseaban en grupos por la Ciudad escrutando cada detalle. Saulo no participaba mucho de la fiesta. Sentado miraba las olas batiendo la costa. Los navíos, con sus enormes velas recogidas, se balanceaban graciosamente. Ya se había puesto de pie para volver con los demás cuando vio que alguien se acercaba. Era Laura. Sonreía de aquella manera que tanto agradaba a Saulo.

—Hola —dijo ella—, ¿por qué no estás en la fiesta?

Saulo levantó los hombros. No sabía qué decir. Laura, más locuaz, le cogió de la mano.

—Me gustaría bailar contigo.

La reacción de Saulo no pudo ser más estúpida. En vez de alegrarse y acompañar a Laura se soltó de su mano y le dio la espalda.

—¿No prefieres bailar con Abel? —dijo con insolencia.

La chica se sonrojó pero Saulo no lo vio porque miraba otra vez el Mar. Ya intuía ella que algo andaba mal...

—¿Abel? ¿Te refieres a tu amigo?

—Ése no es mi amigo.

Saulo hablaba con rabia contenida.

—¿Te molesta que haya estado con él?

—¿A mí? ¡Qué va!

—Pues entonces no seas bruto, dame la mano y vamos a bailar.

Saulo se dio la vuelta, cogió a Laura de la mano y la acompañó a la plaza. Tras ellos, procedentes del horizonte, unas nubes grises empezaron a oscurecer el cielo. Eran el preludio de lo que iba a ser una larga y dura Noche.

3

Nadie esperaba que volviera a llover tan pronto. La estancia en la Ciudad de Agua se vio ensombrecida por culpa de una tormenta que los mantuvo a todos encerrados en sus casas.

A la luz de unas velas el Maestro dictaba problemas matemáticos a Saulo. Judith había salido para hablar de un asunto con un Artesano.

—Bien, Saulo, ¿qué operaciones debes utilizar para resolver este problema?

El chico no lo veía difícil.

—Primero sumo estas cifras y luego divido el resultado entre esta otra.

—Muy bien, muy bien. Ahora vayamos con otra cosa...

Saulo se temía que el Maestro insistiera en seguir estudiando latín. Una lengua que le parecía tan aburrida como milenaria. Por suerte para él les interrumpió Judith a su llegada a casa. Traía una triste noticia.

—Me han dicho que se ha perdido un niño. Han formado grupos de búsqueda pero con esta lluvia quién sabe...

—¡Qué tragedia! —exclamó el Maestro—. ¿Sabes si necesitan más gente?

Saulo no esperó respuesta. Ya estaba preparado en la puerta. No había tiempo que perder. Para protegerse de la lluvia se taparon con sendos trozos de lona. En la oscuridad sólo podían apreciarse algunas formas gracias a la leve luz que aún tenía el día. A eso se sumaba el continuo relampaguear del cielo. Se cruzaron varias veces con hombres y mujeres que, como ellos, buscaban al chico desaparecido. Les preguntaron sobre la identidad del chico y les dijeron que se trataba de Abel. Saulo se dijo para sus adentros: «No podía ser otro». Pensó que lo mejor era que él y el Maestro se separaran. Así tendrían más posibilidades. Saulo recorrió a solas las calles más cercanas a la plaza. Entraba en las casas y edificios deshabitados y buscaba por los rincones gritando el nombre de Abel. A pesar de que ni él ni los otros que buscaban obtuvieron señal siguieron buscando bastante rato más. La lluvia caía cada vez con más fuerza. Se pusieron de acuerdo y decidieron aplazar la búsqueda para más tarde. Saulo volvió a su casa. Allí estaba el Maestro secándose con una manta y bebiendo leche caliente.

—Ese niño está ahora solo y asustado. Pobrecito —dijo Judith.

Saulo meditaba. La ciudad había sido puesta patas arriba. Era imposible que algún rincón se hubiera quedado sin mirar. Si Abel se encontraba en alguna parte seguro que estaba bien resguardado. En las afueras de la Ciudad sólo había escombros y edificios en ruinas. ¿En qué otro lugar podía estar? Cuando dio con la respuesta no lo dudó. Cogió otra vez algo con que protegerse de la lluvia y salió a la calle. A su madre sólo le dio tiempo de decirle que tuviera cuidado. ¿Cómo podía ser que Saulo no lo hubiera pensado antes? Seguro que Abel preparaba alguna de las suyas cuando le sorprendió la tormenta. Lo más probable era que estuviera en alguno de los barcos. Hacia la playa se dirigió con paso ligero. Cuando llegó tuvo que pararse a pensar. ¿En cuál de los barcos estaría Abel? No podía dedicarse a mirarlos todos. Saulo se dejó llevar por su instinto y dirigió sus pasos hacia el último de todos los barcos que llegó a la isla. Al acercarse al barco vio luz saliendo de una escotilla. Se felicitó a sí mismo. Una vez arriba buscó el camarote del que provenía la luz. Mientras buscaba oyó unas voces que le eran desconocidas. Un hombre y una mujer hablaban allí dentro. Saulo pensó que quizá no era bien recibido y decidió esconderse. Buscó dónde hacerlo sin emitir el más mínimo ruido. Al fin encontró una hilera de baúles. Sin dudarlo se metió dentro de uno de ellos. Desde allí podía oír perfectamente la conversación.

—En cuanto cesen las lluvias les ordenaré que envíen uno de los barcos para hacer ya el relevo —dijo la mujer.

—¿Y qué excusa dará para irse en él? —preguntó el hombre.

—Ya me inventaré algo. De momento informa al resto. Que se preparen para la revuelta.

—Siempre que voy a hablar con ellos me atosigan con preguntas. Yo ya no sé qué decirles.

—Escúchame, ellos no deben saber lo que en realidad va a pasar. Ya lo sabrán a su debido tiempo. Basta con que se crean lo de la revuelta. Sólo los necesito para asegurarme de que todo sale bien.

—¿Qué haremos cuando se enteren de la verdad?

—Eso a ti no te incumbe. De todos modos te diré que no habrá ningún problema. Ya verás como les gusta tanto que la aceptan sin dudarlo. Ahora vete y haz lo que te digo. Ah, y toma, dale esto a cualquiera de los que estén al mando. ¿Recuerdas dónde están situados?

—Me lo ha preguntado ya un montón de veces.

—Vámonos ya.

Ambos se encaminaron hacia la cubierta. La lluvia seguía golpeando las maderas del barco. Saulo se aseguró de que se habían ido para salir de su escondrijo. No sabía muy bien qué pensar. Lo que oyó le dejó desconcertado. ¿Una revuelta? ¿Qué significaba? ¿Quiénes eran aquellos dos? ¿Jugaban a las conspiraciones secretas? Decidió irse cuando oyó un golpe justo a sus espaldas. Aterrado vio como uno de los baúles se iba abriendo poco a poco. Saulo se mantuvo quieto. Soltó un suspiro de alivio cuando comprobó que se trataba de Abel, quien también se había escondido.

—Si supieras la que has armado —le dijo Saulo—. Todos creen que te has perdido.

—¿Qué dices? Yo sólo había seguido a una de las Siete Mujeres hasta aquí. Tenía curiosidad por ver...

—¿Cómo? ¿La mujer que hablaba era una de las Siete Mujeres?

—Sí, ¿no la has visto?

—¿Estás completamente seguro?

—Pues claro.

—Estaba lloviendo mucho. A lo mejor no viste bien...

—Te digo que era una de ellas. Créeme.

—¿Tú has oído lo mismo que yo, verdad?

Abel asintió.

—¿Qué se supone que debemos hacer?

Ninguno de los dos supo qué decir. Ahora lo más importante era salir de allí. Muy pegados el uno al otro, cubiertos con la lona de Saulo, llegaron a la ciudad. En la plaza se estaba organizando un nuevo equipo de búsqueda. En cuanto les vieron llegar se alegraron.

—¿Dónde te habías metido? —preguntaron a Abel.

Saulo y Abel decidieron que lo mejor era no decir nada de lo que sabían. Explicaron más o menos, el uno, cómo se había perdido, y, el otro, cómo le había encontrado. Ahora Saulo y Abel eran cómplices. Ambos sabían algo que podía ser decisivo en el transcurso de la vida de su pueblo. ¿A quién podían decírselo? ¿Les creerían? ¿Cómo iban a hacerlo? Eran tantas las dudas...

* * *

Todos fueron a despedir a los Soldados que volvían a Calambur. Pronto aquel mismo barco volvería cargado con los que ahora estaban allí. La Noche se había apoderado por completo del cielo. La costa lucía preciosa con todas aquellas hileras de antorchas encendidas. Laura, que había notado a Saulo algo taciturno, le preguntó si estaba triste. Saulo reaccionó como si le hubieran pellizcado. Pensó que quizá no sería mala idea contarle lo que sabía a Laura a pesar del pacto de silencio que había hecho con Abel. Juntos fueron al edificio donde se vieron solos por primera vez. Saulo le contó a la muchacha punto por punto lo que había oído cuando buscaba a Abel. Ella abría los ojos sorprendida conforme iba avanzando en su relato. Le parecía que lo que habían hecho Saulo y Abel había sido emocionante a la par que peligroso.

—Es sorprendente. ¿Una revuelta, dices? ¿Y por qué querrían hacer los Soldados una revuelta?

Saulo compartía la misma pregunta.

—¿No crees que deberíamos decírselo a un adulto? ¡A tu Maestro, por ejemplo!

Pero a Saulo no le parecía una buena idea. Tenía dudas de que aquello fuera algo realmente grave. ¿Y si metían la pata? A pesar de su oposición inicial, Laura consiguió convencerle para que se lo contara todo al Maestro. Al que veía un hombre comprensivo e inteligente. Incluso le acompañó a su vivienda y le esperó en la puerta hasta que salió.

—¿Ya se lo has dicho todo?

—Sí —dijo Saulo.

—¿Y qué?

El chico ponía cara de no estar muy seguro del efecto que sus palabras habían causado en el Filósofo.

—Pues... No sé... La verdad es que no me ha hecho mucho caso... Dice que son imaginaciones mías, que debí oír mal y que seguro que es algo que no tiene la más mínima importancia.

—¿Qué no tiene importancia?

Laura se mostraba indignada.

—Eso me ha dicho.

—Pues vaya.

—Creo que desde que pasó lo de los huesos no se fía mucho de mí.

—Pero si tú no tuviste la culpa de aquello —dijo Laura, al tiempo que cogía entre las suyas las manos de Saulo.

—Ya lo sé, pero él es así. Mira, Laura, creo que tiene razón. Vamos a dejar de pensar en esto, ¿vale?

Laura estaba de acuerdo. Lo más probable era que no fuera nada. Si todo un Maestro no se había alarmado ante semejante circunstancia ¿por qué tenían que hacerlo ellos? Además, lo único que tenían era a dos personas hablando de una supuesta conspiración. Jamás podrían probarlo. Ningún adulto les hubiera creído.

Saulo dijo a Laura que debía volver a entrar en casa, que iba a cenar. Casi siempre se despedían diciéndose adiós o hasta luego pero esta vez fue diferente. Laura se puso de puntillas y le dio un beso en la comisura de los labios. Después dijo el acostumbrado adiós y se fue hacia su casa. Saulo se quedó plantado en la puerta petrificado. Era la primera vez que una chica le besaba. Y, además, así, de una manera tan repentina y natural. Ni siquiera dijo adiós a Laura. Cuando entró en casa, Judith le encontró un poco raro.

—¿Qué te pasa? ¿Has vuelto a escuchar a alguien conspirando? —dijo sarcásticamente.

—¿Así que te lo ha dicho?

Saulo creía haber dejado claro al Maestro que el asunto requería confidencialidad.

—O sea, que se lo cuentas al Maestro y a mí no pensabas decirme nada.

Saulo calló. Su madre tenía razón. En aquel momento salió el Filósofo de su cuarto. Saulo fue esquivo con él para mostrarle su enfado.

—Si quieres, después de cenar, podemos leer algo —le dijo al chico.

Saulo no abrió la boca. Se dedicaba a servir la mesa. El Maestro comprendió en seguida.

—¿Estás molesto conmigo porque no te he hecho caso? Debes reconocer que lo que me has contado es poco menos que un disparate.

Saulo decidió no darle más vueltas al tema. Judith sirvió la cena. Se trataba de una sopa con no muy buen aspecto. «Esto sí que es un disparate», pensó Saulo.

4

La Noche no duró mucho. La explicación era que se acercaba la época de calores más intensos y los Días serían más largos. Los calambureños asistieron a un amanecer más. Ver el Sol naciendo de las aguas era algo que, a pesar de repetirse continuamente, no dejaba de ser visto como algo espectacular. Cada Día era recibido con alborozo pero si esto ocurría en un entorno como la Ciudad de Agua pues mucho mejor.

Durante su estancia allí Saulo tuvo tiempo más que suficiente para recorrer la Isla en toda su amplitud. Algunas veces en compañía del Maestro (quien aprovechaba para seguir con sus enseñanzas) y otras junto a Laura. La Ciudad de Agua no escondía secretos para él.

La playa de piedras, adonde solía ir a bañarse. El edificio de cristal (llamado así por la transparencia de sus materiales), en el que se divertía buscando cosas entre los escombros. El cementerio de metal, donde se acumulaban todos los objetos y cosas inservibles de este componente, donde jugaba con Laura al escondite. El paseo amarillo, calle hecha con ladrillos de oro y donde pasó muchos ratos con el Maestro. La plaza, zona de reunión del pueblo. Allí jugaba con sus amigos.

Pero de todo esto lo que más le gustaba era el edificio que había descubierto junto a Laura. Preguntaron en cierta ocasión al Maestro de qué podía haberse tratado. Él les dijo que, quizá, en sus tiempos fue un templo religioso o algo así o quizá un lugar de espectáculos pero no supo decir bien qué. Saulo y Laura se referían a él como el edificio de las columnas o el edificio de la escalinata. Allí pasaron mucho tiempo a solas. Sentados en penumbra en el frío mármol de las escaleras. Escaleras, por cierto, a las que nunca se atrevieron a subir del todo, bien por miedo, bien por precaución. Algunas veces hablaban de sus cosas pero casi siempre se mantenían callados. Solos y en silencio. Ninguno de los dos lo admitía pero se habían convertido en algo más que amigos. Por lo menos así eran ya considerados por el resto de muchachos y muchachas que les conocían.

Últimamente Laura había notado a Saulo un poco pedante. Como cada vez pasaba más tiempo estudiando hablaba y hablaba de cosas que le parecían un tanto aburridas. Ella le reprendía y trataba, sin éxito, de inculcarle algún interés hacia lo que a ella más le gustaba: el deporte.

—¡No entiendo lo que dices! Todas esas fórmulas y todos esos teoremas.. Vayamos a correr un poco por la plaza.

Pero a Saulo le horrorizaba la idea.

—Eres como mi madre. Empeñada en que haga ejercicio. ¡Eso es para los Soldados, no para mí!

Laura soñaba con el momento de empezar su entrenamiento para ser Guerrera. Desgraciadamente, aún tenía la oposición de su madre. Por mucho que junto a su padre lo intentaba, su madre no cambiaría de opinión. «No me parece bien que una chica sea Soldado —les decía—. ¿Acaso no habéis visto a las que hay ahora? Con esos músculos, esas piernas... No, no quiero que mi hija se vea envuelta en alguna guerra o algo así». El padre de Laura no le llevaba la contraria a su mujer por si acaso, así que no le insistían mucho. «Ya verás cómo más adelante cambia de opinión», le decía a su hija. Laura se veía destinada a ocuparse de una casa, de una familia, a dedicarse a la economía del hogar etc. Y eso no le gustaba nada. Ella prefería verse embarcada en alguna aventura, explorando territorios ignotos, peleando por defender su honor y el de su pueblo... Más de una vez habló de esto con Saulo. Él entendía a la perfección sus pretensiones frustradas. A él, en cierto modo, le pasaba lo mismo. Aunque su madre no se oponía a que fuera Maestro, tampoco mostraba mucho entusiasmo y esto era casi peor que lo primero. Aquella circunstancia era algo que les unía. Algo más. El uno encontraba consuelo en el otro y eso era suficiente.

* * *

Entre fiestas, ceremonias, celebraciones y clases fueron pasando los Días y las Noches. Saulo y Laura se fueron uniendo cada vez más hasta el punto de que estaban juntos casi siempre. Incluso alguna vez Laura había compartido con Saulo y el Maestro alguna clase.

El primero en darse cuenta en que era momento de abandonar la Isla fue el Soldado tartamudo. Una Noche se dio cuenta de que la marea empezaba a subir a marchas forzadas cuando se vio con el agua hasta las rodillas. Evidentemente, los Maestros ya lo habían previsto pero esto confirmó sus deducciones.

Las tareas de abandono de la Ciudad de Agua se vieron dificultadas a causa de la oscuridad. Era un engorro que la inmersión de la Isla se produjera durante la Noche. Algunos pensaron que, quizá, si esperaban al Día les daría tiempo de irse igualmente. Pero otros dijeron que era más seguro abandonar ya la Isla por lo que pudiera pasar. Para facilitar las tareas de cargamento de los barcos se puso en marcha todo un dispositivo de alumbramiento con antorchas.

Saulo preparaba el equipaje con nostalgia. Muy seguramente echaría de menos su habitación, mucho más espaciosa que la que tenía en el pueblo. Se le hacía difícil pensar que ese mismo lugar en el que estaba se vería en breve inundado de agua, con los peces como únicos habitantes.

Cuando los barcos estuvieron preparados se procedió a celebrar la última fiesta en la Ciudad de Agua. Esta vez se trataba de festejar los últimos momentos en la Isla además de honrar a los Maestros por su labor realizada desde la última vez que estuvieron allí. Era un homenaje que se hacía siempre a propósito del abandono de la Isla. Los actos comenzaran con una cena en la que algunos Maestros leyeron sus discursos de agradecimiento. En ellos hablaban de los logros alcanzados por el pueblo, de los avances en los distintos estudios que se realizaban, de sus trabajos llevados a cabo... Se trataba, en fin, de reconocer su quehacer y su importancia innegable en el conjunto de la sociedad.

Después de la cena se procedió a la entrega de regalos. Generalmente eran los niños los que los elegían o incluso quienes los hacían pero acababa colaborando todo el pueblo. Quien no necesitó ayuda alguna fue Saulo. Cuando llegó su momento se acercó al Filósofo con su presente envuelto en papel. El Maestro, que estaba charlando animadamente con un amigo, tardó en darse cuenta de que el chico estaba allí. Cuando le vio le dijo:

—No tenías que haberte molestado, ya sabes que a mí estas cosas...

El Maestro siempre decía lo mismo. Presumía que no le importaban esas fiestas pero siempre se alegraba mucho por el regalo de Saulo. En un abrir y cerrar de ojos se deshizo del envoltorio. Lo que sostenía en las manos no le gustó demasiado.

—¿Un bastón? —dijo, casi molesto.

Saulo no había pronosticado aquella reacción.

—Lo he tallado yo mismo. ¿No le gusta?

El bastón era delgado y ligero tenía tallada en la empuñadura la figura de un búho con los ojos abiertos. En algunas culturas el búho era símbolo de sabiduría. Pero aquello no sedujo al Maestro.

—¿Acaso crees que soy viejo? —preguntó, ofendido.

—No, no, nada de eso.

Saulo se apresuró a quitarle aquella idea de la cabeza. ¿A qué venía mostrarse así de susceptible?

—Simplemente —siguió—, creí que le sería de ayuda en nuestros paseos, nada más.

El Filósofo agradeció el detalle de todos modos. Dijo que quería estar solo y fue a sentarse en un banco de piedra de la plaza. Lejos del murmullo de la gente. Saulo le observaba en la distancia. Sentía mucho que su regalo no le hubiera agradado totalmente.

«Mi discípulo me ve como un viejo —pensaba el Filósofo—. Supongo que lo soy. Estoy tan ocupado en mis cosas que no me había dado cuenta. Si me paro a pensarlo son muchas las cosas que me han sucedido. Ha pasado mucha agua bajo el puente. Si mis cálculos no me fallan debo de haber venido a la Ciudad de Agua unas sesenta de veces. Eso más lo que no recuerdo. Afortunadamente mi cabeza sigue estando en su sitio. Aunque no puedo decir lo mismo del resto de mi cuerpo. Odio las arrugas. Pero así es la vida, supongo. Un día, de repente, me doy cuenta de que soy un viejo. Me queda el consuelo de que a los otros debe pasarles lo mismo. Como nos pasamos el tiempo los unos con los otros no nos damos cuenta. Demasiado dedicamos a los libros y tan poco a nosotros mismos... Tiene razón Judith cuando me lo dice. Y encima este mocoso... ¡Qué desfachatez! Mira que regalarme un bastón... En fin, este chico es imprevisible...»

$$* * *$$

Llegó el momento de zarpar. Para llegar a sus respectivos barcos las gentes tuvieron que mojarse algo más que los pies. En medio de un silencio casi ceremonioso fueron embarcando uno por uno. Todos tenían algo que añorar. Cada cual echaba un último vistazo a las grandes sombras oscuras de los edificios y recordaba con nostalgia inolvidables momentos pasados allí. Los últimos en subir a bordo fueron los Soldados y Maestros y, finalmente, las Siete Mujeres. Cada una de ellas hizo una especie de bendición. Algo más bien como una reverencia. Entre sonidos de tambores los navíos salieron al Mar. La Noche estaba a punto de tocar a su fin.

Para aprovechar el viaje se decidió realizar la acostumbrada asignación de alumnos. Esto consistía, básicamente, en agrupar a los niños para asignarles un Maestro. Para esto se tenían en cuenta sus edades, la preparación que ya pudieran tener, sus niveles de conocimiento... En aquella ocasión había un total de ciento veinticinco niños por asignar, algunos eran mayores que otros pero menos listos, otro eran más pequeños pero más precoces... Tras un acalorado debate se decidió que los grupos serían mixtos y, como mucho, de cinco alumnos. Así pues deberían ejercer la enseñanza veinticinco Maestros. Su elección era lo más conflictivo. No a todos les gustaba dar clases. Había algunos que no soportaban a los niños, otros se declaraban inútiles para la transmisión de sus conocimientos... Dieciocho Maestros acabaron saliendo (más o menos) voluntarios. De los restantes hubo que hacer una selección al azar. Metieron papeles con sus nombres en una bolsa y fueron extrayendo hasta el número de siete. Más de uno blasfemó por su mala suerte. El Filóso-fo era de los poco privilegiados a los que no les preocupaba aquel asunto. Él y otros dos tenían a sus propios discípulos, a quienes inculcarían sus enseñanzas de forma individualiza-da, pudiendo centrar en ellos toda su atención.

Uno de ellos era el Maestro Alquimista. Con el debido consentimiento del resto de Maestros tomó la decisión de nombrar a una tal Silvia como su discípula. Silvia era una joven introvertida y algo retraída. Apenas salía de su casa. El Alquimista descubrió en ella a una gran aficionada a los tra-tados médicos, libros sobre salud etc. A pesar de su timidez Silvia poseía muchos conocimientos sobre el cuerpo huma-no, la curación de enfermedades, los remedios naturales exis-tentes... Esto fue lo que hizo que el Alquimista se interesara por ella y la tomara a su cargo.

El otro que también contaba con el beneplácito de te-ner discípulo era el Maestro Cartógrafo. Para él la decisión fue menos problemática puesto que conocía al muchacho desde que era un niño. Era su sobrino Esaú, huérfano de padre desaparecido tras la última expedición. Esaú había tenido contacto con los mapas toda su vida. En cierta oca-sión demostró a su tío sus conocimientos de una forma bri-llante. Describió de memoria todos los accidentes geográfi-cos de cierta región antigua. Fue más que suficiente para que el cartógrafo decidiera tomarlo a su cargo.

Cuando los Maestros terminaron de concretar los deta-lles acerca de las disciplinas y materias obligatorias a estudiar en las clases, se retiraron cada uno por su lado. El Maestro Filósofo fue al encuentro de Saulo y Judith, que estaban en cubierta. Saulo estaba algo mustio porque, de nuevo, Laura iba en otro barco. El Maestro les saludó alegremente.

—¿Ya han terminado la reunión? —preguntó ella.

—Así es. Todo ha ido como la seda.

—Claro, usted dice eso porque no le han asignado alumnos —dijo Saulo.

—En efecto, estoy contento por eso. Hasta me gusta más el bastón ahora.

Los tres rieron a la vez. Era la demostración de que la aflicción por dejar la Ciudad de Agua no era insalvable.

Ahora reían pero tardarían mucho en poder volver a hacerlo.

TERCERA PARTE
… y al atardecer utiliza tres pies.

1

Nadie veía nada. Ni el Vigía ni ninguno de los Soldados que, subidos a los mástiles más altos oteaban la costa. Los primeros albores del nuevo Día permitían vislumbrar el comienzo del poblado, algunas casas más allá, pero sólo eso. Calambur daba la impresión de estar desierto. ¿Dónde se habían metido los Soldados? Se suponía que debían estar por allí haciendo guardia.

—¿Seguimos? —preguntó alguien al Capitán del Magallanes.

Por medio de señales con antorchas (un complicado lenguaje que sólo comprendían algunos), los Capitanes de los barcos se comunicaron entre sí la decisión de seguir adelante con lo planeado. Era muy extraño que ni siquiera estuvieran las embarcaciones atracadas en la playa. ¿Qué podía haber pasado?

Ajena a todo esto la tripulación se entretenía como podía. Los niños correteaban arriba y abajo molestando a algunos viejos, las mujeres hablaban de posibles soluciones al problema de los cultivos, los Artesanos buscaban cualquier cosa con la que mantenerse ocupados, los Maestros meditaban y discutían sus meditaciones...

Saulo y otros jugaban a las adivinanzas. Sus amigos estaban un poco hartos de que él las acertara todas. También estaba con ellos Marcos, el joven que deseaba casarse. Saulo y él habían hecho buenas migas. El juego se convirtió en un reto para Saulo. Todos le proponían sus adivinanzas y él las acertaba sistemáticamente. Marcos, que no había intervenido hasta entonces, dijo:

—Seguro que este viejo acertijo no lo resuelves.

A Saulo se le hizo la boca agua.

–¿Cuál es el animal que se mueve a cuatro patas por la mañana, camina erguido al mediodía y utiliza tres pies al atardecer?

El chico se quedó mudo. Antes ni siquiera de que pudiera pensarlo fueron interrumpidos por un Soldado.

–Preparaos para el desembarco.

Las distintas tripulaciones se formaron en hileras en las cubiertas de los barcos. Paulatinamente fueron llegando todos a la playa con las barcas. A medida que tomaban tierra se buscaban unos a otros para preguntarse qué tal les había ido el viaje y ese tipo de cosas. Saulo sintió un dulce bienestar al notar bajo sus pies el tacto dulce de la arena. Nada comparado con lo que sintió cuando vio a Laura. Ella ayudaba a sus padres cargando el equipaje. No tardó en oírse a alguien comentando lo solitario que estaba el pueblo.

–No se ve ni un alma.

No podían explicarse la ausencia total de Soldados en sus puestos. ¿Qué medidas de seguridad eran aquellas? Las calles estaban en silencio. Lo único que podía oírse eran sus pasos en la calzada. Cuando estuvieron todos congregados en la plaza se esperó a que llegaran las Siete Mujeres. Después de una breve ceremonia podrían volver todos a sus casas. Una de ellas se retrasaba mucho. No se sabía nada de ella. Saulo sintió una punzada en su interior.

De repente, como salidos de la nada, se vieron rodeados por todas partes de unos hombres que vestían de forma extraña. Todos, sin excepción, llevaban sus caras tapadas con máscaras. Allí donde antes sólo había hueco ahora había uno de estos. En las esquinas, sobre los tejados, en las puertas de cada casa... Ninguno de los que se vieron rodeados se atrevió a decir nada. Algunos niños, atemorizados por el aspecto de aquellos hombres, rompieron a llorar. Sólo se escuchó provenir de alguna parte la voz de una mujer gritando:

–¡Apresadles!

* * *

Todo sucedió muy rápido. Aquellos hombres disfrazados ridículamente llevaron a trompicones a los habitantes de Calambur hacia distintos edificios donde fueron encerrados. Las mujeres y los niños en la Academia, los Artesanos en el almacén de cereales, el total de Soldados fue fraccionado y repartidas las facciones por distintas casas. Todos ellas fuertemente custodiadas.

Saulo, que no dejó de abrazar a su madre ni un instante, no podía aguantarse las lágrimas. Ella, quizá curtida porque había tenido en su vida más momentos amargos, permanecía con el rostro seco. El nerviosismo, la intranquilidad y la preocupación flotaban en el ambiente. Algunas mujeres sudaban mucho, otras, con las manos juntas y apretadas rezaban a los Dioses.

* * *

Marcos dio una patada con furia contra la pared con tan mala fortuna que se lastimó el pie. El resto de hombres estaban tan irritados o más que él. Rabiosos e indignados. Sobretodo por la incapacidad total de hacer nada. En un abrir y cerrar de ojos habían sido anulados por aquellos extraños.

—¿Quiénes son esos? ¿Qué quieren de nosotros?

—Van a matarnos a todos, van a matarnos a todos —repetía uno, enloquecido.

—Se ocultaban con máscaras, eso es porque no querían que les reconociéramos —observó el Vidriero, uno de los Artesanos más veteranos.

—¿Insinúas que...? —preguntó uno.

—Es evidente.

—¿Pero qué demonios pueden querer?

–Somos un pueblo pacífico.

–Nunca hemos hecho daño a nadie.

–No sé qué quieren. Lo que es seguro es que harán lo que sea por conseguirlo.

* * *

Los que estaban bien asustados eran los Maestros. Aquella situación les desbordó completamente. Algunos, del susto, estaban como idos, ausentes, alucinados. A ellos los encerraron en las catacumbas del Templo. Un lugar oscuro y húmedo. Los repartieron en distintas celdas incomunicadas entre sí. Muchos eran viejos y delicados de salud y en aquellas condiciones seguro que no tardarían en enfermar. El Filósofo no sabía que pensar. Era uno de los que se encontraban más desorientados. Sentado en un rincón de su celda golpeaba el suelo con su bastón repetidamente. Lo que más le preocupaba era el estado de Judith y Saulo. Les había visto por última vez siendo llevados a empellones por aquellos extraños hombres. Era curioso, él no era un experto pero había leído mucho sobre organizaciones guerreras, uniformes militares y cosas así y no recordaba haber visto algo así. Ciertamente sus atacantes iban vestidos de forma peculiar: protegidos con corazas, armados con cuchillos, lanzas, mazas, tocados con cascos y ocultos tras caretas de color negro. Quizá fueran un ejército de nueva formación. «Curioso –pensaba–, realmente curioso...»

* * *

La Noche llegaba a su fin y todo siguió igual. Nadie podía saber qué pasaba afuera, qué estarían tramando aquellos hombres... Los niños fueron los primeros en quejarse por el hambre. Algunas mujeres se resentían por dolores de espalda al llevar sentadas tanto tiempo en el suelo. Los Artesanos, por su parte, trataban de escapar inútilmente por un resquicio, una grieta, un hueco, un boquete, ¡lo que fuera! Los Maestros tosían y murmullaban. Y los Soldados... ¿Qué hacían los Soldados? Ellos fueron los mejor tratados. Se les dio de beber y de comer. La finalidad de esto era engatusarles para conseguir su confianza.

Por su parte, allá en la plaza, tirados por el suelo, descansaban los villanos que se habían deshecho por fin de sus incómodas caretas y pesadas armaduras. Comían abundantemente y bebían vino y cerveza.

Celebraban su triunfo. Un triunfo basado en la humillación de todo un pueblo.

2

Dieron la bienvenida a la primera luz del Día maniatadas. De las Siete Mujeres, seis de ellas estaban así sentadas en banquetas en medio del Templo, muy cerca de la fuente. Ante ellas, paseándose con mirada arrogante, Edelvira, la séptima de ellas. La artífice de todo lo sucedido, la traidora. Ellas no hablaban pero mostraban en sus ojos toda la ira que sentían. Edelvira había ordenado dejarlas sin comer hasta el momento.

—Ellos harán lo que vosotros les digáis —dijo Edelvira refiriéndose a las gentes de Calambur—. Es muy fácil; sólo tenéis que convencerles de que, a partir de ahora, habrá una sola persona que reúna el poder: yo. Porque ese es el cambio más sustancial que van a tener ¿entendéis? También les diréis que esto no traerá malas consecuencias, antes al contrario. Desde el momento en que les habléis empezaremos a trabajar todos, codo con codo, por el bien de nuestro pueblo. Todo seguirá como antes. Simplemente variará nuestra administración, nuestra riqueza aumentará y nuestro patrimonio mejorará. Eso siempre y cuando esté bajo mis órdenes. Como veis no deseo nada malo para nadie.

Una de las Mujeres no lo soportó más y dijo:

—¿Quién ha sido el miserable que te ha convencido para esto?

Otra agregó:

—Se trata de algún terrateniente de los valles del norte, seguro. Te habrá convencido que lleves a cabo sus propósitos a cambio de poder. Infeliz...

—¡Callad! —ordenó Edelvira— Si lo que sugerís es que alguien me ha ayudado a hacer todo esto estáis en lo cierto. ¿De dónde habría sacado a mis Guerreros si no? A vosotras no tengo por qué engañaros. ¿Conocéis al Caballero Negro? Sí, seguro que habéis oído hablar de él. Es un mercenario que trabaja para personas muy destacadas y acaudaladas. Terratenientes, comerciantes etc. Me ha prometido un lugar destacado en la Corte si le conseguía para él nuestras tierras.

—Nos has vendido como mercancía —dijo una de las Mujeres escupiendo después a los pies de Edelvira.

—No pretendas afectarme, no lo conseguirás.

—Pero tú naciste y creciste aquí, ¿por qué haces esto a los tuyos?

Ninguna de las Seis Mujeres podía entender que las promesas que se le habían hecho a Edelvira fueron más que suficientes para cegar su entendimiento. Estaba dispuesta a cualquier cosa por verse en la Corte.

—¿Qué te crees? —contestó Edelvira— ¿Qué tengo suficiente con ir a Asambleas y pasearme por ahí de vez en cuando? No, no. Estás muy equivocada. Yo no soy como vosotras. Yo no quiero morirme en este lugar triste y seco.

—Nos desprecias.

—¿Te quedaba alguna duda? Para mí todo esto se ha acabado. Podéis quedaros con vuestras reuniones y vuestro pueblo.

—¿Qué hay de tus familiares? ¿También a ellos les castigarás?

Edelvira puso cara de simulado estupor.

—¿Quién ha hablado de castigo? ¿Habéis oído la palabra castigo? Porque yo no la he oído. ¿Crees que esto es un castigo? ¡Al contrario! Os estoy ofreciendo un sistema mucho mejor. Formando parte de la Corona para la cual trabaja el Caballero Negro todo serán ventajas. No más miserias, no más hambre, no más restricciones...

—Eso es mentira Edelvira —protestó enérgicamente una de las Mujeres—. Lo que ellos quieren es el oro de la Ciudad de Agua. ¿No te das cuenta? Nosotros no les importamos nada. Se harán con él y luego se irán. No les importará pisotearnos para ello.

—A ti te han engañado, Edelvira, te han prometido cosas que luego no te darán.

Las Mujeres intentaron persuadir a Edelvira, pero todos sus esfuerzos fueron en vano.

—¿Y qué si se llevan el oro? ¿Para qué lo queréis vosotras? ¿Para qué lo quiere vuestro pueblo? ¿Para tenerlo de adorno? ¿Para contemplarlo y sonreír? Por lo menos ellos harán algo útil con él. El comercio entre ciudades está en auge, vuestra organización económica está anticuada y os llevará a la ruina más absoluta tarde o temprano. ¿Pero qué os voy a contar a vosotras? ¡Si no atináis a ver más allá de vuestras narices! Como si no hubiera nada detrás del bosque de coníferas. Os creéis que eso es el fin del mundo.

—Quienquiera que te haya metido esas ideas en la cabeza acabará haciéndote daño, Edelvira.

Pero Edelvira no tenía más ganas de seguir discutiendo.

—¡Ya basta de cháchara! Me habéis desviado tanto del tema que ya no sé por dónde iba. ¡Ah, sí! Entonces ¿colaboraréis?

Las Seis Mujeres permanecieron calladas. Edelvira estaba al borde del ataque de nervios. Resolvió darles un ultimátum.

—Me haré con el poder de este pueblo por las buenas o por las malas. Tenéis dos opciones: salir a la calle como buenas chicas y decir a los ciudadanos que se ha producido un cambio y que a partir de ahora su máximo mandatario será el Caballero Negro, con lo que nadie sufriría, o bien, no hacerlo y dejar que vuestro pueblo sea automáticamente esclavizado por mis tropas. Os advierto de que eso no nos resultaría difícil.

El futuro de Calambur dependía de lo que decidieran las Seis Mujeres. Si aceptaban, su pueblo sería engañado pero nadie saldría dañado. Si renunciaban a convencerles las consecuencias serían terribles. Mientras consideraban los pros y los contras, Edelvira dijo algo:

—Por cierto, se me olvidaba. Algo más debe cambiar. Para que Calambur sea una ciudad en condiciones, es decir, moderna y avanzada, se anularán algunos preceptos de la Ley Sagrada. Entre ellos esa estupidez de la prohibición de la pesca. En fin, hay que hacer sacrificios...

Las Seis Mujeres se miraron entre sí. Aquello era definitivo.

—Nuestro pueblo no puede pescar. Va contra nuestro pensamiento, ataca nuestras tradiciones y atenta contra nuestra fe y creencias. Tú lo sabes muy bien. Los Dioses...

—Déjate de Dioses —Edelvira estalló definitivamente—. Yo cumplo órdenes. Habláis de Calambur como si fuera una pertenencia. Este pueblo no es vuestro ni lo será de nadie a no ser que hagáis lo que os digo.

La respuesta fue rotunda.

—Antes, muertas.

* * *

Laura apretaba con fuerza la mano de Saulo.

—Estoy muy asustada —le decía.

Él, de natural temeroso, se mostraba valiente con ella.

—Pues vaya una Guerrera vas a ser tú.

Quien, en contra de su actitud normal, parecía más afectado, era Abel. Realmente tenía razones de peso para estarlo. Desde el último relevo de Soldados efectuado en la Ciudad de Agua no había visto a su padre y estaba muy preocupado por él. Quién sabía si aquellos hombres le habían hecho daño. Ya llevaban mucho encerrados allí. Gracias a la luz que entraba por unas ventanas situadas en lo alto pudieron saber que el día había llegado. Algunas mujeres declaraban abiertamente que habían perdido la esperanza y lloraban sin parar. Los niños campaban a sus anchas como si hubieran vivido en la Academia toda la vida. La habían recorrido casi toda en busca de una salida pero todas las puertas y ventanas estaban cerradas a cal y canto. Lejos de desanimarse por esto se les ocurrió una idea. El artífice fue, quien si no, Abel.

—Amontonemos todos los libros que podamos en aquella pared, de ese modo podremos llegar a las ventanas y ver qué pasa en la plaza.

Dicho y hecho. Hasta Saulo y Laura colaboraron. Con la ayuda de todos fueron apilando libros y más libros contra la única pared desde la que podía verse la plaza y, precisamente, la que tenía las ventanas a más altura. Libros de Historia, de Literatura, de Filosofía, gruesos tratados de Medicina, pesados volúmenes de enciclopedias, tomos y tomos de Gramática, Matemática, Biología, novelas, obras de teatro, poemarios...

El primero en encaramarse a aquella tremenda montaña de libros fue Abel, por supuesto. Jamás hubiera permitido que alguien lo hiciera antes que él. Con agilidad y destreza logró llegar al alféizar de la ventana. Desde allí pudo ver, en efecto, lo que pasaba en la plaza. Los demás le pidieron que narrara lo que veía.

—Acaba de salir una de las Siete Mujeres del templo. Los hombres que nos apresaron se levantan del suelo. Unos cuantos se acercan a ella y forman un corro.

—¡No irán a tacarla! —gritó uno desde abajo.

—No, no —siguió Abel—. Habla con ellos con toda naturalidad.

—Estará negociando nuestra libertad —especuló otro.

—Pues creo que no. Parece que les ordena algo. Los hombres se cuadran. Ella vuelve a entrar al Templo. Ahora recogen sus cosas del suelo y se colocan sus armaduras. Un grupo de ellos viene hacia aquí. ¡Eh! ¡Un momento!

—¿Qué? ¿Qué? —preguntaron los de abajo alarmados.

Abel descendió de la pila de libros con el rostro afligido. Parecía consternado. Los chicos le rodearon y le preguntaron qué había visto. Abel permaneció en silencio. Tenía la mirada perdida. Al fin dijo:

—Uno de ellos es mi padre.

Los otros respondieron con gestos de asombro. No sabían cómo reaccionar. Fue Saulo quien se le acercó para intentar consolarle.

—Tranquilo, Abel, ya verás cómo hay una explicación para todo esto.

Un tremendo golpe les estremeció. Las puertas principales de la Academia se abrieron de par en par. Unos cuantos hombres armados con sus lanzas entraron y ordenaron que desalojaran el lugar. Mujeres y niños fueron saliendo hacia la luz de la calle. No había manera de saber qué les depararía el futuro. Tras ellos, como último recuerdo, sólo una montaña de papel.

3

Los Días y las Noches se fueron sucediendo. Calambur experimentó un notable cambio que acabó por convertir el pueblo en algo totalmente diferente de lo que era. En las calles ya no había tranquilidad, los niños ya no salían a jugar alegres y despreocupados. No se veía a las mujeres paseando del brazo de sus maridos.

Reinaba el miedo. Un miedo que flotaba en el aire y se incrustaba en las paredes. Los Perros Negros (así eran llamados los que servían al Caballero Negro) imponían su mandato a la fuerza. No dudaban en castigar duramente a quien se negara a obedecerles. La mayoría de ellos eran conocidos para los habitantes de Calambur. Soldados que decidieron apoyar a Edelvira en contra de los más elementales principios del honor y la honra. Habían sido compañeros, amigos o hasta familiares de aquellos a quienes ahora sojuzgaban. Algo más fuerte que su voluntad les hizo olvidarse de sus raíces. Algo relacionado con la ambición, con el poder quizá. El resto de Perros Negros eran Guerreros a las órdenes del Caballero Negro. Aquellos sí que hacían lo que les venía en gana sin consideración ni contemplaciones. Eran los más crueles. Se decía que la mayoría eran sanguinarios asesinos pero la mayoría eran sólo mercenarios bien pagados.

Los calambureños se fueron acostumbrando a la nueva situación entre perplejos y atemorizados.

Muchos de los Soldados no dudaron en unirse al bando del Caballero Negro creyendo que de este modo su condición de Guerreros se veía dignificada o enaltecida. Además, con los cambios sociales que se llevaron a cabo los Soldados eran el estamento que más privilegios tenía. Entre otras cosas, suya sería la décima parte del oro que lograra arrancarse de la Ciudad de Agua en cuanto emergiera de nuevo. Los Soldados que no estuvieron conformes con la situación fueron inmediatamente encarcelados.

Los Perros Negros no tuvieron muchos problemas en avasallar a las mujeres. Ellas, siempre mirando por sus hijos y su porvenir, fueron las primeras en acatar todas las órdenes que les fueron impuestas. Trabajaron como las que más por el bien de los suyos. Algo totalmente incuestionable para ellas. Hubo, eso sí, algunas que mostraron su indignación, por supuesto, pero siempre de forma discreta y callada. Era el caso de Judith, que aprovechaba cualquier circunstancia para establecer contactos con el resto de habitantes. "Lo importante es mantenernos unidos", ésa era su consigna. Era la que más hacía por mantener la calma. Hablaba con unos y con otros y se informaba de su situación, de sus necesidades. Ayudaba en todo lo que podía pero siempre sin llamar demasiada atención. Sabía que podía ser castigada por ello. Su integridad física, incluso su vida, estaban en peligro si los Perros Negros se enteraban de sus acciones.

Menos comedidos que las mujeres fueron los Artesanos. La mayoría no aceptó la toma del poder a la fuerza por parte de los Perros Negros. Quisieron hacerles frente pero sus intenciones fueron rápida y duramente frustradas. Después de pasar un tiempo encerrados se les fue dejando salir a medida que juraban fidelidad y obediencia al Caballero Negro. Otros Artesanos, los menos, vieron en la nueva situación la posibilidad de prosperar en sus oficios. Tal como prometían los Perros Negros, en breve, Calambur y sus territorios colindantes entrarían a formar parte de una Corona con mucho poder. Eso garantizaría una mejor situación a los Artesanos pero nadie ponía la mano en el fuego. Decidieron arriesgarse y, sobretodo, esperar.

Los que ni siquiera tuvieron opción fueron los Maestros. Desde que fueron apresados no vieron la luz del Sol. Era una más de las duras medidas que tomaron los Perros Negros directamente aconsejados por Edelvira. La razón era bien sencilla: si alguien podía dar al traste sus planes e intenciones ésos eran los Maestros. ¿Quién más si no sería capaz de pergeñar un plan en su contra? Con su ingenio se habrían hecho pronto con sus propósitos. Cierto que los Perros Negros hubieran aplacado cualquier intento de sublevación como, de hecho, lo hicieron ya con algunos Soldados y Artesanos. Sin embargo, esto no hubiera impedido que las gentes de Calambur se pusieran en su contra, auspiciadas por los Maestros y sus directrices. Nadie más que ellos tenía la capacidad para controlarles. No en vano eran considerados seres privilegiados por su sabiduría. Incluso se creía que su condición era influencia directa de los Dioses. Aunque esto no fue impedimento para que los Perros Negros les encerraran en las catacumbas del Templo. Repartidos en celdas miserables destinadas en otro tiempo a albergar bestias cuyo fin era el sacrificio. Costumbre ya debidamente abolida por la Ley Sagrada. Encerrados allí abajo poco podían saber acerca de lo que pasaba en el exterior, pero esto no era impedimento para que recibieran noticias de vez en cuando. El que lo hacía posible no era otro que Saulo. Él y los otros niños tenían la tarea encomendada de llevar comida a los Maestros de vez en cuando. Cuando esto sucedía él aprovechaba para hablar con el Filósofo. El hecho de que los Perros Negros tuvieran la deferencia de mantener alimentados a los Maestros podría considerarse como un signo de complacencia hacia ellos. Nada más lejos. Recién anulada la Ley que prohibía la pesca alguna mente maliciosa dispuso que su alimentación estuviera basada en pescado. Por supuesto ellos se negaron en redondo desde el principio a cometer semejante agravio hacia los Dioses. No iban a aceptar aquello por mucha hambre que pasaran. Estuvieron un tiempo sin ser alimentados en castigo a su negativa. Algunos Maestros cayeron gravemente enfermos. Les bastó poco para idear un plan. El Filósofo lo reveló a Saulo y él hizo todo lo que estuvo en su mano para llevarlo a cabo. La idea era muy simple: los Maestros mintieron a los Perros Negros y les hicieron creer que habían cambiado de opinión. Les suplicaron que reiniciaran el suministro de comida, que estaban dispuestos a transgredir la Ley Sagrada en pro de su salud. Los Perros Negros, tan feroces como crédulos, acabaron convencidos de su arrepentimiento y mandaron que los muchachos siguieran con su trabajo. Y así fue. Bueno, esto es lo que ellos creyeron, puesto que los Maestros nunca llegaron a consumir un solo bocado de pescado. Gracias a la ayuda de Saulo, que se las ingenió para conseguirles alimentos de los de siempre y a los que los Maestros estaban más acostumbrados. Sus conciencias quedaron tranquilas y sus estómagos saciados.

* * *

La noticia llegó de Noche. El emisario encargado de hacerla llegar a manos de Edelvira tardó en hacerlo porque se perdió en las montañas. La mujer acababa de dar una de sus múltiples órdenes cuando el emisario entró en Calambur a lomos de su negro corcel. Todo el que pertenecía a la Orden del Caballero Negro tenía su caballo de ese color. Todos menos, paradójicamente, el propio Caballero Negro, cuyo caballo era blanco como la nieve.

Edelvira estaba enfadada por el retraso del emisario. Al recibir la carta no pronunció palabra. Se limitó a leerla. Su rostro se ensombreció al leer su contenido. Cuando terminó hizo una bola con la carta y la tiró al suelo con furia. Un

Soldado curioso se apresuró a ver qué decía. El contenido de la carta era el siguiente:

Me han llegado las buenas nuevas. He sabido que nuestro plan ha sido ejecutado a la perfección. Espero que mis Caballeros hayan cumplido con todo lo acordado. Reconozco que a veces son un poco indisciplinados. Pero la razón de mi carta no es felicitarte. No soy hombre de fruslerías. Lamento comunicarte que mi presencia en Calambur será imposible. Al menos, en breve. Una inesperada guerra civil me retiene aquí. Estaré ocupado por tiempo indefinido. Mi responsabilidad es quedarme aquí al frente de mi Ejército defendiendo el buen nombre de mis gobernantes. Así pues, deberás proceder tú sola y encargarte en mi nombre y, por lo tanto, en nombre de la Corona, de finalizar con éxito nuestros propósitos. Espero que mis Guerreros, Centuriones y Cuervos te sean de ayuda. Al menos esas son las órdenes que yo les encomendé. Sé que esto supone un retraso respecto a lo que te prometí pero no temas. Entrarás en la Corte por la puerta grande. Te doy mi palabra de honor de que así será. Confío en que consigáis el oro lo antes posible. Cuando así sea serás bien recibida. Supongo que para entonces la guerra civil habrá finalizado. Saluda a mis perros de mi parte.

Edelvira se sintió herida en su orgullo al leer la carta. Ella había hecho un pacto: el oro a cambio de su rápida introducción en la Corte. Esto supondría un retraso en sus ambiciones. Ahora tendría que seguir en Calambur contra su voluntad una temporada más. Y eso era algo que le horrorizaba.

Fue aquella misma noche en la que ordenó la quema de la Academia. Era algo que ya tenía pensado desde el principio pero lo había ido aplazando. Después de leer la carta decidió no esperar más, aquel era el momento perfecto para hacer una demostración de su poder.

Apenas había gente por las calles. Fueron pocos los que vieron a los Perros Negros entrando con antorchas en el edificio y prendiendo todo lo que encontraban a su paso. Desde cortinas hasta muebles. No les resultó costoso. La gran cantidad de papel que había allí dentro fue en poco tiempo pasto de las llamas. El fuego que salía rabioso por las ventanas llamó la atención de todos. Las calles se fueron llenando paulatinamente de gente alarmada. Unidos en silencio veían cómo se destruía ante sus ojos uno de los símbolos más importantes. Saulo, que también estaba allí, no daba crédito. Tuvo el pensamiento fugaz de entrar allí e intentar salvar lo que pudiera. Hubiera sido inútil. Las llamaradas subían al cielo y se esfumaban transformándose en negras cenizas que alfombraban el suelo. Como único sonido; sólo el crepitar del fuego.

* * *

Si ya fue duro contemplar la reducción a escombros de la Academia mucho más dramática fue la reacción de los Maestros al enterarse de boca de Saulo. La noticia acabó por minar los pocos ánimos que les quedaban.

—Primero nos obligan a ofender e insultar a nuestros Dioses y ahora borran de un plumazo parte de nuestra historia.

—La Academia era parte de nuestro patrimonio. No sólo era un edificio, era una Institución.

—¿Qué clase de depravados están destruyendo Calambur?

El Filósofo, fiel a sí mismo, se mantenía callado y escuchando.

—Y nosotros aquí, en esta pocilga, sin poder hacer nada.

Entre aquellas muestras de desánimo fue la joven voz de Saulo la única que se mostró optimista.

—Esto es el colmo. Hay que hacer algo.

El Filósofo pareció salir de su letargo.

—¿Qué sugieres?

Saulo no sabía por dónde empezar.

—Tenemos que luchar contra ellos.

Esto era muy fácil decirlo pero imposible de llevarse a la práctica.

—Ellos son muchos —habló el Maestro—. Además, tienen sometido a todo el pueblo.

—No olvidéis cuáles son sus verdaderos propósitos —apuntó el Meteorólogo.

—¿Qué quieres decir? ¿Acaso no tienen suficiente con lo que han ya conseguido?

—Martirizar y esclavizar a nuestro pueblo es sólo el primer paso. Lo que en realidad quieren es el oro. Se irán en cuanto lo consigan.

El Químico, más práctico, dijo:

—Pues dejémosles que se lo lleven. Si de ese modo nos dejan en paz...

—No se irán. Estas tierras pueden llegar a se muy importantes para ellos.

—La mayoría de terrenos son baldíos, la tierra está seca.

—Pero ahora, con la pesca, Calambur se convertirá en una ciudad importante para el comercio.

Parecía claro que, aunque el primer propósito de los Perros Negros fuera apropiarse del oro aquello no sería lo único que harían. ¿Estaba Calambur abocado a volver a la esclavitud de la que habían escapado sus antepasados? Saulo tuvo una idea.

—¿Cuándo emergerá la Ciudad de Agua? —preguntó al Filósofo.

—Necesito mis papeles, mis libros para saberlo con exactitud. He de hacer algunos cálculos.

Saulo salió corriendo de las catacumbas del Templo y cruzó a toda velocidad las calles hasta llegar a su casa. Una vez allí abrió el viejo baúl del Maestro. Estaba lleno de pergaminos, libros, papeles... Se llevó consigo, además, algunos utensilios de cálculo y escritura que encontró por allí. En un abrir y cerrar de ojos estaba de vuelta en las catacumbas. Con la ayuda de varios Maestros especializados en el asunto el Filósofo dedujo que faltaban una decena de Noches para que la Ciudad de Agua emergiera. El Día siguiente aparecería sobre las aguas.

—Es tiempo suficiente —sentenció Saulo.

El Filósofo tenía curiosidad por saber qué tramaba la mente de su joven amigo.

—¿Para qué? —preguntó.

Saulo había pensado algo que quizá resultara descabellado.

—La idea es la siguiente: los Perros Negros irán a la Isla para extraer de allí todo el oro que puedan. De algún modo que aún desconozco podríamos dejarlos allí abandonados a su suerte.

—¿Qué?

—Está claro que no les vamos a ganar por la fuerza. Esto es lo más que se me ocurre.

La idea de Saulo presentaba muchos inconvenientes.

—No conseguirás que nadie arriesgue su vida para hacer eso.

—¿A quién convencerás para que lo hagan? ¡Si están todos hipnotizados por esos Perros Negros!

—Saulo, tu inexperiencia te impide ver lo complicado de tu plan. No digo que sea una mala idea pero debes tener en cuenta muchos factores.

—Por mucho que nos cueste aceptarlo, la mayoría de Soldados, Artesanos y demás; asumió la nueva situación con resignación pero sin dudas.

—Somos un pueblo débil, joven Saulo, no hay nada que podamos hacer.

¿Tenían razón los Maestros? ¿Era realmente así? Saulo no estaba dispuesto a quedarse de brazos cruzados.

4

A pesar de estar bajo las órdenes directas del Caballero Negro (ahora cumplían los mandatos de Edelvira pero sólo temporalmente) los Perros Negros tenían su propia organización interna. Se dividían en Centurias (compañías de cien hombres) y cada una de ellas tenía a la cabeza un responsable llamado Centurión. Los Centuriones se agrupaban en Parejas (grupos de dos), que también contaban con un jefe cada una. A éstos se les conocía como Cuervos. Eran el último escalón antes de llegar al Caballero Negro. Los Cuervos eran sus hombres de honor, en quienes depositaba toda su confianza y a quienes dictaba personalmente las instrucciones a seguir. Bien fuera en una guerra, en un asalto, en un ataque...

Con la finalidad de apoderarse de los territorios de Calambur se desplazaron a la zona unos cuatrocientos efectivos, nada más y nada menos. Así pues había cuatro Centuriones que gozaban de todos los caprichos que pudieran tener (eran vanidosos y soberbios) y sólo dos Cuervos.

Los Cuervos eran hombres cuya sola presencia ya imponía respeto. Muy altos, anchas espaldas, con brazos fuertes y piernas como columnas. Iban siempre juntos. Sólo hablaban con los Centuriones o con Edelvira, con nadie más.

En una ocasión se reunieron todos para tratar un asunto de interés. Demostrada la lealtad y la fidelidad de lo Soldados nativos de Calambur se decidió, en recompensa a su trabajo, nombrarles Perros Negros.

—Han demostrado ser dignos de ello —dijo uno.

–Nunca imaginé que fuera tan fácil persuadir a unos Soldados para que se pasaran al bando enemigo.

–Se lo merecen.

Edelvira también dio su opinión.

–Que la gran parte de ellos se haya convertido en nuestros aliados es síntoma de que este pueblo estaba en las últimas. Algunos aún nos miran con mala cara pero en el fondo saben que les estamos haciendo un favor.

La propuesta fue admitida por todos. Ahora sólo faltaba comunicar la noticia a los interesados, mandar a los Herreros que elaboraran las armaduras para su investidura y hacer una celebración por todo lo alto. La decisión fue de boca en boca y corrió por todo Calambur como la pólvora. Los que más se congratularon, naturalmente, fueron los Soldados. Por fin veían cumplidos sus sueños de ascender en la escala militar. Sus nuevos rangos tenían mucho prestigio. Trabajarían desde entonces para toda una corona, y no como simples defensores de un pueblucho perdido en una playa. Para ellos ya no habría más expediciones inútiles, más investigaciones aburridas con los Maestros, más misiones absurdas...

Aquello les hizo alejarse definitivamente de los pensamientos que a algunos atormentaban. Cierto era que desde el principio se mostraron dispuestos a colaborar con los Perros Negros, que no dudaron de ello ni un instante, pero el cargo de conciencia persistía en sus mentes. Sin embargo, la noticia de sus nombramientos hizo olvidar esto a todos los Soldados. No sólo se aliaron con los Perros Negros por (errónea) convicción propia. Ahora, también, estaban orgullosos de ello.

* * *

Los Maestros se enteraron de todo gracias a Saulo.

–Es el fin definitivo –dijo un pesimista.

—Ahora ya no hay nada que hacer.

—Estamos perdidos.

Cuando los otros chicos que ayudaban con la comida se fueron Saulo se acercó a la celda del Maestro Filósofo.

—¿Y usted qué opina? Le he visto muy callado.

El Maestro frunció el ceño.

—¿Qué puedo opinar? No hay más madera que la que arde.

—Entonces ¿usted también cree que no tenemos más remedio que tragar con esto?

—Me sorprende tu persistencia. Me sorprende y me enorgullece. Hace ya mucho que estamos así y tú no te resignas a aceptarlo.

—¿Hago mal acaso?

—No, no. Nunca pienses que el hecho de no compartir la opinión generalizada es un defecto. De ningún modo.

En esto les interrumpió la tos ronca de algún Maestro.

—Es el Maestro Matemático —dijo el Filósofo—. Anda muy mal de salud últimamente. Tememos por su vida.

Saulo miró a su alrededor. El espectáculo era lamentable. En sus celdas, ateridos de frío, reducidos a huesos, los Maestros se miraban unos a otros con miradas lánguidas. Permanecían continuamente callados. El que más y el que menos se levantaba de vez en cuando y se movía un poco para desentumecer los músculos. El Filósofo, también muy debilitado, parecía mantenerse. Pero quizá era una impostura que adoptaba ante los ojos de Saulo para no preocuparle. Por nada del mundo hubiera permitido que su discípulo le viera en malas condiciones.

—A esto es a lo que nos han reducido —empezó a decir con melancolía—. Nuestro pueblo no ha sido nunca rico ni poderoso pero éramos gentes sencillas y honestas. Comíamos de lo que cultivábamos y cazábamos. Construimos nuestras casas y levantamos nuestros más insignes edificios con nuestras propias manos. Veneramos a nuestros Dioses y respetamos nuestras tradiciones y costumbres. Como ves, Saulo, no hay nada seguro en la vida. Mira qué pronto han destruido todo esos unos descerebrados. Mira qué fácil les ha sido cargarse todo nuestro sistema. Simple pero eficaz. Anticuado pero útil. Y, nosotros, los hombres pensantes, los abanderados de las Ciencias y las Artes, aquí, encerrados. O peor, mucho peor... Ni siquiera podemos ver cómo se derrumba nuestro pueblo, cómo se desvanece nuestra Historia. Siento ponerme sentimental pero es lo que pienso –Saulo sonrió–. Y en medio de todo este vendaval eres tú el único que ve una posible salida. Te admiro, hijo, ¿sabes? Sí, te admiro. Tienes fuerza de voluntad y eso vale más que todos los libros que puedas leer. Yo ya soy viejo, tú me lo recordaste hace poco –y, diciendo esto, blandió su bastón–. No, no te lo reprocho, hijo, no pongas esa cara. Es, simplemente, que un egoísta se resiente cuando alguien le recuerda que lo es. Los Maestros somos muy egoístas ¿sabes? Sí, tú también lo serás. Pero eso no debe preocuparte. El egoísmo es una enfermedad que sólo afecta a los tontos y tú no lo eres en absoluto. Saulo, sólo los Dioses saben cuánto tiempo me queda –en este punto Saulo rompió a llorar–, y no quisiera dejar de decirte algo. En esta vida que yo he sido más o menos capaz de vivir he tenido pocas recompensas. Me refiero a lo personal, claro. Mis estudios no fueron muy fructíferos, mis investigaciones han sido siempre sonoros fracasos. Alguna vez he dicho algo que no ha sido comprendido por los demás y eso me ha costado mucho tiempo de repulsa. Hay Maestros que no son muy comprensivos con las ideas nuevas, ya lo verás, pero ésa es otra historia... Quiero que sepas que tú, Saulo, sí, sí, tú, has sido una de las pocas cosas que me han reconfortado siempre. Tu alegría, tu vitalidad, tus ansias de conocimiento... Confieso que me vi reflejado en ti cuando empecé a conocerte y aquello me produjo una grata satisfacción. Si te elegí mi discípulo no fue sólo porque creí que eras apto para eso que llaman "el saber". Fue, además, porque vi en ti aquel niño que yo fui. Inquieto y curioso. Ya te he dicho que soy un egoísta sin remedio. Desde entonces traté de hablarte de cosas que te motivaran hacia el estudio. Poco a poco, sin que te dieras cuenta, caíste en mi trampa. Bueno, es una manera de hablar. Aquel momento en que me dijiste que querías ser Maestro fue, sin dudarlo, el momento más feliz de mi vida. Recuerdo lo nervioso que estabas por querer decírselo a tu madre. Hoy siento no haberte dado otras cosas. Quizá por eso nunca fui padre, porque no sé tratar a un niño. Tal vez te hayan aburrido mis enseñanzas pero debes creerme si te digo que mis intenciones nacían del más profundo cariño. Si fuera más fuerte rompería estos barrotes de hierro y te abrazaría pero tendré que conformarme con tomar tu mano. Saulo, hijo mío, ésta es la lección más importante que voy a darte. Fíjate en lo que ha pasado en el pueblo, date cuenta de lo cruel que puede ser la vida. No cometas nunca el error de esperar más de lo que te puedan dar. Si decides depositar tu confianza en alguien, adelante, hazlo, pero nunca dejes tu vida en sus manos. Eres dueño y único responsable de tu destino. Habrá muchas cosas que desees conseguir, tendrás muchos anhelos y aspiraciones. Pero no caigas en el error de dejarte llevar, no sueltes nunca las riendas de lo que te acontece. No lo consientas. Mírame, Saulo, mírame a los ojos. Éste que ves es un viejo hombre que creyó que podría revolucionar con sus ideas el pensamiento imperante. ¿Y cuál fue mi recompensa? ¡El repudio de mis semejantes! ¡Su rechazo, su incomprensión! Óyeme bien, Saulo, si al principio creí que eras un muchacho como yo lo fui pronto me di cuenta de que aquello no estaba bien. No podía permitir que tú cayeras en mi mismo error, que tú cometieras misma falta. Saulo, hijo mío, sabes que yo te quiero y si no lo sabes te lo digo ahora. Haz siempre lo que creas conveniente pero no te dejes llevar por tus sueños. Yo los tenía y casi me costaron el destierro. Tu pueblo, nuestro pueblo; Calambur, también los tenía, eran unos sueños humildes y también los pisotearon. Créeme si te digo que no harás peor cosa que dejarte llevar por tus sueños. Podrás saber a qué especie pertenece una ánima, podrás saber de qué materiales está compuesta una roca, sabrás recitar los mejores versos y reconocer los más bellos pasajes literarios, tendrás pensamientos filosóficos; buenos y malos, hasta llegarás a cuestionar la existencia de tus dioses, podrás calcular la situación de los planetas y medir los terrenos que pertenecen a una familia. Pero por mucho estudio que le dediques, por mucha energía y esfuerzo que inviertas, por mucho sudor que sudes y mucha sangre que sangres jamás podrás saber de qué están hechos tus sueños. Así que nunca te dejes dominar por ellos.

Saulo escuchó atentamente el discurso del Filósofo. Sus palabras le emocionaron de buen grado. Le parecieron lúcidas y llenas de sabiduría. Aún así, tenía algo que objetar.

–Todo lo que ha dicho me ha parecido inteligente. No espero menos de un hombre como usted. Lo único en lo que no estoy de acuerdo es en su terrible desencanto. No entiendo esa amargura. Vale que en su juventud sus ideas le costaran caras, vale que nuestro pueblo se haya convertido en esclavo por culpa de la ceguera y la ignorancia. Lo que no puedo consentir es que, ahora, cuando más coraje necesitamos en nuestra alma, ahora, que más fuertes de corazón debemos ser, ahora eche usted por la borda todo aquello que esperó de su vida. Esta situación, esta dramática situación no lo justifica ¿sabe? Nada, ¿me oye? Nada puede hacer que un hombre renuncie a sus sueños. Podremos vivir en la miseria, ser esclavos de unos tiranos, no poder ver nuestra propia desgracia o incluso odiar a nuestros hermanos. Podremos ser capaces de todo eso pero lo que nunca perderemos, de lo que nunca nos desprenderemos, es de nuestros sueños. Maestro, es inherente a la condición humana tener anhelos de ser mejores, desear el bienestar propio y ajeno, esperar el éxito, ser más altos, más guapos ¡qué sé yo! ¿Acaso no sueña la piedra con ser flor? ¿No quiere el torpe elefante ser tan ágil como una ardilla? Soñar es tan lícito como beber y comer. Es, además, inevitable y necesario –Saulo hizo una pausa para beber agua–. Usted, hombre acostumbrado a la mesura y el estudio de las cosas, como buen Maestro que es, se excusa diciendo que no se puede saber de qué están hechos los sueños y, por eso, los desprecia. Le diré una cosa, Maestro, la naturaleza de los sueños es algo que no se puede medir. Cada uno tenemos nuestros sueños y son diferentes los de unos y los de otros. Los sueños están hechos de aquello por lo que vivimos y luchamos. Son de la misma materia que aquello que amamos y por lo que respiramos. De eso están hechos nuestros sueños.

El Filósofo escuchó atentamente a Saulo con gusto, con delectación casi. Después de aquello ya no le cabía ninguna duda. Estaba mirando no sólo a un alumno aventajado, no sólo al mejor de los discípulos, no sólo a un chico inteligente. Estaba mirando a alguien que sabía más allá de lo que pudiera ver y tocar. Alguien a quien jamás engañarían las apariencias. Su juventud, lejos de entorpecerle en su conocimiento, lo avivaba y enardecía. Saulo no era uno más, no era uno cualquiera. El Maestro tuvo la certeza entonces. Y sólo entonces se dio cuenta de que había sido superado por un niño.

5

Judith hablaba con un par de mujeres sobre la excesiva explotación a la que estaban siendo sometidos los cultivos.

–Las tierras ya no dan para más –dijo una.

–¿Con qué vamos a alimentar a nuestros hijos? ¿Con eso que sacan del mar?

El problema era grave. En poco tiempo los recursos agrarios de Calambur se verían reducidos al mínimo debido a la mala administración de los Perros Negros. El consumo de pescado, hasta entonces, estaba destinado a ellos en su mayor parte. Si la crisis aumentaba la población se vería obligada a incorporar el pescado en su dieta a pesar de la aprensión que les producía. Judith intentó calmarlas.

–No os preocupéis. Ya encontraremos alguna solución.

Las mujeres se fueron algo más tranquilas. Si Judith creía que habría alguna salida seguro que la encontrarían. Cuando estuvieron a solas Saulo preguntó a su madre:

–¿Qué hicieron los Perros Negros de aquellos que no aceptaron su gobierno?

Judith no sabía qué interés podía tener Saulo en saber aquello.

–Los encerraron en la prisión –respondió.

–¿Junto a los delincuentes?

–En la prisión no sólo había delincuentes y malhechores, también estaban los que ofendían a los Dioses, por ejemplo. En general, todo aquel que incumple la Ley Sagrada es encerrado.

–¿Y ahora están todos juntos?

–Pues no sé, supongo que sí, déjame que piense.

Saulo esperó impaciente a que su madre le diera la respuesta. Al fina Judith pareció darse de bruces contra ella.

–Qué tonta soy. ¿Cómo van a caber todos allí? No, qué va. Siempre que nos desplazamos a la Ciudad de Agua los prisioneros son trasladados a las montañas. El pueblo de Valdar los reparte en distintas cuevas vigiladas y se comprometen a mantenerlos mientras dura la estancia de Calambur en la Isla.

Por fin Saulo tenía serias posibilidades de llevar a cabo su plan.

–Pero la última vez que volvimos –dijo el chico– eso no sucedió. Quiero decir que nadie se encargó de devolver a los presos a nuestra cárcel. ¿Verdad?

–Supongo que seguirán allí.

Ahora sí. Saulo tenía en su mente toda la maquinaria en marcha. Como último recurso había pensado que, liberando a los presos, obtendría su apoyo. Pero eso era muy difícil porque la cárcel era uno de los lugares más vigilados. De todos modos aquello ya no hacía falta. Lo que Saulo acababa de descubrir era mucho mejor. Rápidamente preparó todo lo necesario para un corto viaje. Judith, que le veía meter algo de ropa y comida en una bolsa a toda velocidad, no decía nada. Se limitaba a observarle. Sólo al final, cuando Saulo cargó con aquello al hombro y después de darle un beso de despedida, dijo:

–Tu padre estaría orgulloso de ti.

El chico salió de casa a toda mecha. Hizo lo posible para no resultar sospechoso a los Perros Negros que vagaban por allí. Lo primero que hizo fue ir a ver a Laura, después visitó a Marcos, habló largo rato con el Herrero y finalmente fue a ver a Abel.

Abel había cambiado mucho desde que supo que su padre era un aliado de los Perros Negros. Apenas habló con él. Su padre se había convertido en un ser despreciable. Lleno de ira y antipatía. Saulo insistió mucho a Abel sin conseguir nada.

–Ven conmigo, acompáñame. Necesito tu ayuda.

Pero Abel no dijo nada.

–Está bien, haz lo que quieras –dijo Saulo–. Allá tú. Si decides cambiar de opinión Marcos, Laura y yo te estaremos esperando tras la Taberna en cuanto anochezca. Entonces, nos iremos.

Y así fue. En cuanto el Sol empezó a declinar se vieron los tres amigos detrás de la Taberna. Laura había mentido en casa. Había dicho que iba a pasar un tiempo en casa de una amiga. Si hubiera dicho la verdad no la hubieran dejado salir ni por asomo. Marcos se había despedido de su novia con un mensaje esperanzador. «Ya verás como tu padre, después de esto, deja que nos casemos». Abel no se presentó.

–El Herrero ya está enterado de todo –dijo Saulo–. Ha dicho que colaborará totalmente con nosotros. Tendrá que trabajar a marchas forzadas pero me ha prometido que lo tendrá todo listo en su momento.

A punto estaban de irse cuando oyeron una voz a sus espaldas.

–¡Eh! ¡No os vayáis sin mí!

Era Abel.

–Me alegro de que nos acompañes –dijo Saulo.

–Sólo lo hago por mi padre –dijo él.

Las siluetas de los cuatro amigos se perdieron entre las sombras. La Luna, su mejor cómplice, les arropó en su oscuridad.

* * *

El trayecto a través de las montañas no fue fácil. Siempre muy juntos, para evitar perderse, Abel, Laura y Marcos, encabezados por Saulo, seguían la senda que les llevaría hasta el poblado de Valdar. Saulo, antorcha en mano, les tranquilizaba de cuanto en cuanto.

—No temáis, conozco el camino. Yo vine por aquí hace poco con el Filósofo. No tiene pérdida. Creedme.

Alguna vez paraban a comer. Sentados sobre piedras sacaban los alimentos que habían llevado y los compartían como buenos amigos. Saulo no desaprovechaba aquellas oportunidades para volver a explicar su plan. Todos convenían en que su idea era genial. No tenían otra esperanza y deseaban que saliera bien. Aquella era la única salida posible a la tiranía de los Perros Negros. Tenía que ser genial a la fuerza. Sin embargo, alguno mostraba su pesimismo, como Abel.

—¿Y si no conseguimos que nos ayuden?

Era una pregunta que estaba en las mentes de todos, incluida la de Saulo.

* * *

Celebraron con gran júbilo el momento de su llegada a Valdar. Era Noche cerrada. A primera vista parecía que no hubiera nadie por allí. Buscaron con sus antorchas por los alrededores pero nada. La sorpresa fue mayúscula cuando vieron que de la oscuridad fueron saliendo lentamente unos hombres que les apuntaban con sus lanzas. De repente estaban rodeados. Se temieron lo peor. Los dientes de Marcos castañeteaban frenéticamente. Saulo rezó al cielo para que alguien le reconociera. Y así fue. Entre los que les atacaban salió un viejo que aseguró conocer al muchacho. Gracias a él no les hicieron daño.

—Debéis disculparnos —se explicó el Astrónomo—. Desde que esos hombres llegaron a estos territorios nos cuidamos mucho de mantenernos protegidos.

Mientras los otros devoraban un suculento cocido que una buena mujer tuvo la amabilidad de prepararles, Saulo y el viejo conversaban. El chico le explicó su plan.

—No me extraña que el Filósofo te eligiera su discípulo —dijo el Astrónomo—. Eres un chico muy despierto. Desgraciadamente tengo que darte una mala noticia. Tiempo después de que os invadieran los Perros Negros (nosotros preferimos llamarles carroña), nos dimos cuenta de que mantener a vuestros presos en nuestras cárceles era una estupidez. No podíamos hacernos cargo de ellos indefinidamente así que los dejamos en libertad. Fue una decisión difícil porque nos arriesgábamos a que ellos tomaran represalias contra nosotros pero, gracias a los Dioses, no fue así. Algunos se fueron más allá de las montañas. Huyeron en busca de una vida mejor o qué sé yo. La mayoría se quedó aquí. Hoy forman parte de nuestro pueblo. Se han adaptado perfectamente y viven con nosotros en plena armonía.

Lo que dijo el Astrónomo podía acabar con la idea de Saulo pero quizá aún había una salida. El muchacho no podía darse por vencido así como así.

—¿Podría hablar con ellos? ¿Podría decirles que me escuchen?

El Astrónomo habló.

—No sé, hijo, no sé. Ellos están muy enfadados por cómo fueron tratados en el pasado. Muchos sólo cometieron delitos menores. Se sienten injustamente tratados.

—Por favor, Maestro, es muy importante que yo pueda hablar con ellos. Tengo que hacer todo lo que esté en mi mano.

El Astrónomo convocó en su cueva a unos cuantos de aquellos que fueron presos de Calambur tiempo atrás. Sólo uno, llamado José, erigido portavoz por los otros, habló con el chico.

—Reconocemos que muchos de nosotros hicimos cosas que estuvieron mal, de acuerdo. Otros, en cambio, cometimos faltas muy graves por las que cumplimos condena sobradamente. Hoy, sin distinción, estamos arrepentidos. Somos hombres libres que hemos encontrado la comprensión y la amabilidad en las gentes de este pueblo. Fuimos rechazados injustamente. Nuestros semejantes nos apartaron de ellos para olvidarnos. No iremos ahora a echarles una mano a aquellos quienes nos negaron eso mismo. En lo que a nosotros respecta Calambur puede arder para siempre en las llamas del Infierno.

A Saulo y los demás poco menos que les ofendieron aquellas duras palabras. La negativa a dar su apoyo derrumbaba por completo el plan de Saulo. Aquello no podía quedar así.

—¿No te das cuenta —dijo el muchacho— de que esa misma actitud injusta de la que dices fuiste víctimas es la misma que tú defiendes ahora?

José miró a Saulo directamente a los ojos. Veía en ellos algo que sólo había visto en los hombres más bravos y fieros: el ansia por conseguir sus propósitos por encima de todo; costase lo que costase.

—El resentimiento —siguió— se ha enconado en vuestras almas y no os deja ver lo evidente. Sí, es cierto que el pueblo que una vez os negó la libertad ahora os necesita. Quizá si nada de esto hubiera pasado ahora seguiríais en la cárcel rodeados de ratas, no voy a negarlo. Pero no dejéis que esos terribles hombres acaben con Calambur. No cometáis el mismo error que cometieron con vosotros. Demostrad a vuestro pueblo que sois capaces de perdonar.

José y sus hombres eran la personificación de la perplejidad. Se podía decir más alto pero no más claro. De mutuo acuerdo y tras una reunión que se alargó mucho, los antiguos presos de Calambur, ahora hombres libres y rehabilitados, tomaron una decisión. José, como portavoz, se encargó de hacerla saber a Saulo. Él y los otros estallaron en júbilo al conocer su resolución. Tanto Laura como Abel y Marcos saltaron de alegría. Saulo, también contento, estaba satisfecho. Ahora sí que empezaba a ponerse en marcha su plan.

* * *

Judith no tuvo nunca tanta sensación de alivio y tranquilidad como cuando volvió a ver a su hijo sano y salvo.

–Gracias a los Dioses que no te ha pasado nada.

El muchacho tenía noticias emocionantes que no tardó en comunicar a su madre.

–Sabía que lo conseguirías –dijo ella.

La primera parte del plan de Saulo no tardaría en dar comienzo.

–¿Trajo el Herrero aquello que le dije? –preguntó a su madre.

Judith le llevó a la habitación donde había guardado aquello. Apiladas y amontonadas por el suelo había un gran número de armaduras, cascos y todo tipo de instrumentos de guerra. Todo ello idéntico a lo que solían utilizar los Perros Negros. «Bien», se dijo Saulo. Ahora sólo cabía esperar a que se celebrara la ceremonia de investidura de los Soldados. Para ello faltaba muy poco. Casi tan poco como para que emergiera la Ciudad de Agua.

6

No sólo era una tradición, era una convicción. Por eso, el hecho de dedicarse a la pesca fue lo que más costó a los habitantes de Calambur. Aquello a lo que más tardaron en acostumbrarse. Por no mencionar los reparos que tuvieron al principio por comer pescado. Cada bocado les causaba remordimientos. Desde la llegada de los Perros Negros y la instauración del nuevo orden la playa era un ir y venir de barcas. En raras ocasiones cesaba esta actividad. Una de ellas fue en ocasión de la celebración de los Soldados. Edelvira había mandado que todo el mundo asistiera a ella. Poco a poco todos se fueron congregando a las afueras del pueblo. Los que estaban más nerviosos eran los Guerreros, claro. Por fin iban a ascender de rango en la escala militar. Su vanidad se vería ampliamente satisfecha. El cielo sobre sus cabezas empezaba a clarear.

En el pueblo, en una de sus casas, la actividad era distinta. Después de ser avisados por Saulo, los Hombres de las Montañas fueron entrando uno por uno en su casa. Con mucho sigilo y disimulo lograron pasar desapercibidos en el pueblo. Entraban por una puerta trasera. Dentro, eran debidamente armados y uniformados con todos los elementos y accesorios propios de los Perros Negros. Después, salían a la calle. Nadie sería capaz de distinguirlos. Sólo Saulo y los suyos, pues sabían qué era lo único que les diferenciaba: un pequeño búho grabado en la parte posterior de los cascos. En total sumaban un par de centenares. Gracias al plan de Saulo conseguirían mezclarse con el resto de Soldados y Perros Negros. Cuando eran armados iban a la playa, con los otros. Allí tampoco nadie los diferenciaba. Por ahora todo iba sobre ruedas.

La ceremonia de investidura empezó cuando estaba previsto. Tras unas palabras de Edelvira, en las que dijo que se sentía particularmente orgullosa por los Soldados, los Centuriones procedieron a repartir lo que les acreditaría de por vida como miembros del Ejército a las órdenes del Caballero Negro: la célebre máscara negra. Afortunadamente habían sido encargadas más de las necesarias y eso permitió que los Hombres de las Montañas también las tuvieran. Saulo suspiró aliviado por esto ya que no lo había previsto.

Finalmente los Cuervos pronunciaron un discurso al alimón, realzando exageradamente el privilegio y el honor que suponían formar parte de los Perros Negros. Al término de la ceremonia los Perros Negros lanzaron vítores y hurras por sus nuevos compañeros. Las gentes del pueblo que asistieron no estaban tan entusiasmadas pero mostraban cierta alegría por sus semejantes. Saulo, que estaba acompañado por Laura, no desdibujó de su cara en ningún momento su media sonrisa. Todo estaba yendo sobre ruedas.

* * *

Tal como pronosticaron los Maestros, la Ciudad de Agua emergió de las aguas poco después del amanecer. Los Perros Negros, como era la primera vez que asistían a aquel espectáculo, estaban totalmente sorprendidos. Habían oído hablar de aquello pero nunca pudieron imaginar que fuera algo tan bello. Lentamente, a medida que bajaban las mareas, iba saliendo del Mar un punto que refulgía bajo el Sol. A más de uno se le pusieron los dientes largos pensando en la gran cantidad de oro que les aguardaba.

Cuando lo vieron conveniente los Cuervos y los Centuriones se dispusieron a discutir la organización de la expedición a la Isla. Pensaron que la operación, una vez allí, no sería muy costosa si se desplazaban muchos. Lo que estaba claro era que sólo irían allí Perros Negros, pues no se fiaban de la capacidad de los Artesanos para aquel trabajo. Pensado esto quedaba decidir cuántos quedarían en tierra y cuántos iban a la isla. Un Centurión dio su opinión:

—No es que no me fíe de ellos pero acabamos de nombrarles Perros Negros y puede que se les suba un poco a la cabeza. Dejemos que sean nuestros Guerreros de siempre los que hagan este trabajo.

Los Cuervos no estaban de acuerdo.

—Ellos ahora son Perros Negros —dijo uno—. Tendrán los mismos deberes que sus compañeros.

Otro Centurión dijo:

—No se trata de eso. Ellos son nuevos, aún no saben en qué consiste ser un Perro Negro. Esta misión fue encomendada a nosotros por el Caballero Negro. ¿Qué le diría si nos traicionan? ¿Eh?

Los Cuervos acabaron transigiendo.

—Puede que tengas razón, Centurión. Aún así nos llevaremos a unos cuantos. Nosotros solos no somos suficientes.

El Cuervo dejó en las manos de uno de los Centuriones la responsabilidad de elegir él mismo a los que debían acompañarles a la Ciudad de Agua. La verdad era que el encargo no le hizo mucha gracia pues tenía planeado pasarse un rato por la Taberna. Lo resolvió de la mejor manera que se le ocurrió. Vio por allí a uno de los nuevos y le dijo:

—Oye, tú, sí, sí, tú. Ven aquí.

—¿Sí, señor?

—Cuando te dirijas a mí quítate la máscara, imbécil.

El joven obedeció.

—Quiero que reúnas a unos doscientos hombres de entre los Soldados que acaban de ser incorporados a nuestras filas para la misión de la Isla ¿entiendes? Que se preparen para embarcar dentro de poco. Informa también de que el resto se quedará aquí protegiendo la zona.

Lo que no sabía el Centurión era que aquel Soldado era uno de los Hombres de las Montañas que, casualmente, andaba por allí. No tardó en comunicar la noticia a sus compañeros. Pronto se llenó el cupo de hombres requeridos para la expedición.

Cuando Saulo supo todo esto de mano de José no podía creerlo.

–No sólo nadie se ha dado cuenta de quiénes somos –dijo José– sino que, además, vamos a ser nosotros quienes vayamos a la Ciudad de Agua.

Judith compartía la alegría de su hijo pero tenía curiosidad por saber algo.

–¿Cómo es posible que no os hayan reconocido? –preguntó.

–Hemos procurado no relacionarnos mucho con los Soldados de Calambur, nos hemos mezclado bien entre los Perros Negros.

–Bueno –dijo Saulo con tono serio– ahora ya no hay diferencias.

* * *

Los preparativos para el viaje Isla se aceleraron debido a una carta enviada nuevamente por el Caballero Negro. En ella exigía la rápida realización del trabajo por razones que no daba a entender. Sin más dilación Edelvira ordenó el cargamento de los barcos con lo necesario para el viaje. El momento de la partida fue especialmente emotivo para Judith. Saulo, Abel, Laura y Marcos habían conseguido introducirse en el Núñez de Balboa. Con el corazón en vilo se despidió de su hijo y los demás. Le preocupaba que los padres de Abel y Laura no supieran nada. Ella misma había colaborado para engañarles. Jamás podría perdonarse que les pasara algo a alguno de ellos.

Los navíos, tres de los más grandes, zarparon rumbo a la isla. De nuevo se dirigían a la Ciudad de Agua, aunque esta vez con fines bien distintos a los de siempre.

7

El viaje fue un suplicio para los muchachos, que permanecieron escondidos en la bodega encajados entre cajas y barriles.

—¿Así que este es el lugar perfecto que nos habías buscado? —dijo Marcos a Abel con tono sarcástico.

Lo cierto era que no tuvieron problemas en ningún momento. Sólo estuvieron a punto de ser descubiertos cuando dos borrachos entraron en la bodega en busca de vino. Ellos se quedaron quietos sin hacer el más mínimo ruido. Los borrachos se marcharon pronto por donde habían venido. Los cuatro amigos suspiraron de alivio a la vez.

La llegada a la Ciudad de Agua se produjo en un relativo corto espacio de tiempo gracias a que los fuertes vientos empujaron con fuerza las velas de los navíos. Edelvira y los Cuervos habían pasado casi la totalidad del viaje en la proa del Magallanes.

—¿Veis lo que os dije? —les comentó ella.

Ante sus ojos se extendía toda una extensión con edificios cubiertos de oro. Los Cuervos no acababan de creérselo. Edelvira les había hablado con grandilocuencia sobre la Ciudad y, al verla, no se sintieron defraudados en absoluto. Estaban deseosos de hincarle el diente a aquel oro.

El desembarco procedió con rapidez. Todo el material traído a la Isla para arrancar el oro fue lo primero que se depositó en tierra. Palas, picos, palancas y algo más. En cuanto tuvo la oportunidad Saulo habló con José.

−¿Cómo lo ves?

José manifestaba cierto escepticismo.

−No será tan fácil como pensábamos. Han decidido organizarse por turnos. Habrá unos que extraigan el oro, otros que lo transporten hasta los barcos y otros que se quedarán en ellos haciendo vigilancia.

Aquello dificultaba seriamente el óptimo funcionamiento del plan de Saulo. José prosiguió.

−He sabido que lo van a hacer de la siguiente manera: primero seremos nosotros quienes saquemos y transportemos el oro, mientras tanto ellos se quedarán en la playa custodiándolo. Luego, una parte de nosotros pasará a los barcos y ellos se ocuparán de la carga y descarga del oro. Finalmente, en el tercer turno, ellos sólo tendrán que hacerse con el oro y seremos nosotros quienes lo transportemos y nos ocupemos de los barcos. Después, vuelta a empezar. Calculan que habrá suficiente con una decena de relevos para cargar todo el oro.

Saulo maldijo a los Perros Negros. La única salida era llevar a cabo sus propósitos en aquellos turnos en los que los Hombres de las Montañas se ocuparan de llevar el oro y cuidar de los barcos. Quizá aquello tardaría en producirse. Hasta entonces les daría tiempo suficiente para arrancar buena parte del oro.

−¿Sabes cada cuánto cambian los turnos?

José no sabía nada. Aquello era competencia de los Centuriones y no lo habían notificado. La única vía era esperar. Esperar al momento propicio. Esperar a que todo se desarrollara sin problemas. Esperar.

* * *

Hacerse con el oro no les resultó fácil a los Perros Negros. Pronto comprobaron que era prácticamente imposible desprenderlo de allí donde se encontraba. El oro estaba incrustado en las paredes, en los suelos. Se requería de mucho esfuerzo para arrancarlo sin llevarse detrás algún trozo de cemento. Edelvira tomó una determinación.

—No podemos permitirnos el lujo de perder el tiempo —dijo—. Tengo órdenes del Caballero Negro de hacer esto lo antes posible.

Para Edelvira entregar el oro al Caballero Negro no sólo suponía la finalización de su acuerdo con él sino también su prometida entrada en la corte.

—Aunque sea peligroso tendremos que recurrir a la pólvora —siguió diciendo.

Aquella no era, en efecto, la solución más práctica y segura pero sí la más eficaz. Con la utilización de las explosiones de pólvora arrancarían algo más de lo deseado. Destruirían, además, los edificios y lugares más emblemáticos, reduciéndolos inevitablemente a escombros.

Las explosiones pronto empezaron a retumbar con fuerza en los corazones de Saulo y los demás. Cuando tenían ocasión sacaban la cabeza por alguna escotilla y veían con pena y resignación cómo unos extraños destruían su preciada y querida Ciudad de Agua.

Un aviso de uno de los Centuriones dio fin al primer turno. La jornada fue dura. Los Hombres de las Montañas habían sudado lo suyo. Si alguien les hubiera advertido al principio de todo aquello que iban a trabajar tanto seguro que se lo hubieran pensado dos veces. En el segundo turno, tal y como estaba previsto y tal como había dicho José a Saulo, los Perros Negros pasaron a llevar el oro desde la Ciudad a los barcos. Hasta aquel momento no habían hecho mucho a pesar del esfuerzo. Sólo habían derruido un par de edificios. Lo que hacía difícil el trabajo era la búsqueda entre los escombros de restos de oro pegados a los cascotes. Después, su carga y transporte también eran costosos. Hasta el momento ninguno de los cuatro amigos salió del barco. En cualquier momento podían ser vistos. Como mucho se paseaban por cubierta ya que los que vigilaban estaban de su parte. Saulo rogó a José que hiciera todo lo posible por impedir que derrumbaran el suntuoso edificio en el que él y Laura pasaron tanto tiempo juntos.

–No te preocupes –le dijo José–, planean dejarlo para el final. Quieren que sea la guinda del pastel. Ahora van a empezar a picar las piedras de la plaza amarilla. Son oro puro.

«Oro puro», repitió mentalmente Saulo. «Ojalá se les atragante en el gaznate». Hasta él mismo se sorprendió de lo perverso de su pensamiento. Quizá se le había pegado algo de los Perros Negros.

El esperado tercer turno llegó al fin. Los Hombres de las Montañas estaban avisados. Había que proceder con la mayor rapidez posible. Saulo, Laura, Abel y Marcos vieron desde la proa del Núñez de Balboa cómo se desarrollaba el plan. Tan atentos estaban que no se dieron cuenta de que a sus espaldas uno de los Centuriones les apuntaba con su espada.

–Vaya, vaya ¿qué tenemos aquí? –dijo.

Antes de que pudieran darse cuenta estaban los cuatro atados al palo mayor. El Centurión les miraba con furia. Los muchachos no sabían que la tripulación del Núñez de Balboa (formada por Hombres de las Montañas) había sido llamada a trabajar para acelerar el proceso de extracción del oro. El Centurión había ido al barco para asegurarse de que todos habían obedecido la orden.

–No me gustan los polizones ¿sabéis? Es más, me repugnan.

Los chicos estaban muy asustados. El Centurión dirigió su mirada amenazadora hacia Marcos.

—¿Y a ti no te da vergüenza hacer esto? ¿Eh? ¡Deberías dar ejemplo!

Marcos temblaba como un polluelo.

—Mientras pienso vuestro castigo voy a ver cómo van con el oro —dijo, dejándoles allí atados, bajo el Sol abrasador.

Aquel contratiempo podía dar al traste con el plan de Saulo. Si los Hombres de las Montañas del Núñez de Balboa estaban trabajando con el oro en contra de lo previsto no podrían huir con sus compañeros en el momento oportuno. Ahora todo estaba en manos de José, sólo él podía decidir qué hacer.

Precisamente en aquel momento estaba José hablando con algunos de los suyos. Juntos decidían cómo proceder.

—Seguiremos con el plan previsto —dijo—. Los del Núñez de Balboa tendrán que correr mucho para llegar a tiempo a los barcos. Dentro de poco volarán el edificio de cristal. La explosión será la señal ¿de acuerdo? Bien, informad a los otros.

Unos a otros se fueron dando la orden de replegarse en cuanto sonara el estruendo. Tuvieron tan mala fortuna que uno de los auténticos Perros Negros se lo oyó decir a alguien. Éste lo comunicó inmediatamente a su Centurión quien, a su vez, dio la voz de alarma. Al grito de: «¡Traidores!» los Hombres de las Montañas fueron descubiertos. Los que estaban trabajando con el oro dejaron de hacerlo y sacaron todo su arsenal para luchar contra el enemigo.

Los Perros Negros, como era mandato supremo, se enmascararon con sus negras caretas para la batalla. Del mismo modo procedieron los Hombres de las Montañas pero con fines bien distintos. Su propósito era ser confundidos entre los otros. Entre la polvareda levantada por las explosiones se produjo una cruenta pelea. El restallar de las espadas al chocar unas con otras era tan fuerte que llegaba a oídos de los chicos.

—¿Oís eso? —dijo Abel.

—¿Qué estará sucediendo? —se preguntó Laura.

Intentaron desatarse pero fue inútil, el Centurión debía ser un experto en nudos. Por fortuna subió al barco uno de los Hombres de las Montañas. Era uno de los que hacían la guardia en el Magallanes. Con rapidez les desató y les contó lo que estaba pasando. Saulo buscó una solución.

—Hay que preparar los barcos para la partida. Di a tus hombres que se pongan en sus puestos y que se dispongan a remar en cuanto vean que los nuestros empiezan a llegar.

—¿Y cómo sabremos que son los nuestros? —preguntó el hombre.

A esto Saulo no tenía respuesta.

—Tendremos que confiar en que sean ellos.

—De todos modos no somos suficientes para poner en marcha los tres barcos. Como mucho podremos con dos de ellos. ¿Qué hacemos con el tercero?

Saulo meditó un segundo.

—Por ahora el oro ha sido cargado en este, así que lo mejor es que sea este el que se quede aquí. No quiero que el oro salga de donde pertenece. Ya nos ocuparemos nosotros de esto. Tú ve a hacer lo que te he dicho.

Más allá, en la Ciudad, entre polvo y bajo el sol abrasador, los Perros Negros y los Hombres de las Montañas seguían combatiendo. Los Hombres de las Montañas no eran precisamente buenos Guerreros. Más que nada lo que hacían era defenderse del ataque de los Perros Negros, pero poco más. Así fueron aguantando hasta que llegaron a la playa. Una vez allí pudieron ver cómo zarpaban el Magallanes y el Colón. José no daba crédito a lo que veía. Pensó que habían sido engañados y utilizados por Saulo para conseguir sus propósitos. En el fragor de la pelea no había tiempo para tonterías. Debían llegar a los barcos fuera como fuera. Más torpes que los otros, los Hombres de las Montañas golpeaban con sus pesadas espadas a diestro y siniestro. Muchos de ellos cayeron en la lucha. Desde un promontorio, los Cuervos y Edelvira observaban atónitos el discurrir de la batalla. Se notaba que los Hombres de las Montañas no tenían técnica alguna pero poseían arrojo y destreza. Aquello fue lo que les hizo ser mejores. Edelvira no había estado tan rabiosa en su vida.

La arena de la playa se fue salpicando de sangre a medida que llegaban al agua. Los Hombres de las Montañas empezaban a sentirse cansados. Era ahora o nunca. José dio la orden de dejarlo todo y salir corriendo hacia los barcos. Mientras se dirigían a ellos, perseguidos por los Perros Negros, José pudo ver que desde las cubiertas de los barcos eran lanzadas varias escalerillas de cuerda. Aquello le hizo olvidar el pensamiento de haber sido traicionado. Con más pena que gloria pudieron subir a los barcos ayudándose unos a otros. Mientras, los Perros Negros, totalmente enfebrecidos, tomaron el único barco que quedaba atracado. Lograron botarlo pero nada más. El Núñez de Balboa no avanzaba. Pronto se percataron de que, una vez más, habían sido burlados. El agua entraba a borbotones por todas partes. Cualquier intento de avanzar fue inútil. El barco se hundió apenas se hizo a la Mar.

Desde el Magallanes y el Colón les vieron saltando por la borda para poder nadar hasta la costa. A los Hombres de las Montañas les hubiera divertido a no ser por el gran número de compañeros perdidos en la pelea. El viento se puso de su parte y sopló fuerte.

Saulo, apoyado en la baranda de popa blasfemó contra los malditos Perros Negros.

—¿Por qué ha tenido que suceder?

El muchacho no lo podía aceptar. Ni siquiera Laura pudo consolarle. Él golpeaba con fuerza sus puños contra la madera. Sentía rabia e impotencia. José, a pesar de haber perdido a viejos amigos en la lucha, conservaba la serenidad. Mirando hacia la Ciudad de Agua dijo:

–Vinieron aquí para jugarse la vida por salvar de esos demonios a su pueblo y eso es, precisamente, lo que han hecho.

8

Saulo esperaba con impaciencia el momento de llegar a Calambur. El viaje lo pasó sin hablar apenas, de tan impresionado y afectado como estaba. La única que le arrancaba alguna que otra palabra era Laura, que estuvo con él en todo momento. Quien sí tenía premura por volver a ver a los suyos era Abel. Sobretodo por encontrarse con su padre. Ojalá él y el resto de Soldados recapacitaran sus posturas. Marcos, también deseoso por llegar, ansiaba reencontrarse con su novia y hacerla partícipe de los logros obtenidos. Seguro que su padre ya no le consideraba sólo un Artesano y les dejaba casarse.

La llegada a la costa no fue tan triunfal como hubiera sido de esperar. Evidentemente no podía serlo porque nadie en Calambur sabía lo que había pasado. Sólo unos pocos tenían idea de lo sucedido gracias a que Judith se lo había dicho. Ellos y algunos más los recibieron en la playa. Las barcas fueron llegando cargadas de hombres heridos y maltrechos. Poco a poco fueron atendidos debidamente. Las gentes que habían visto los barcos se acercaron a la playa a ver qué pasaba. También lo hicieron algunos Soldados. Nadie se explicaba qué ocurría. En seguida lo supieron, su reacción fue igualmente extraña. Algunos no supieron qué hacer ni qué pensar. Los Soldados, por su parte, de repente, atemorizados, se reunieron a las afueras de Calambur.

Las puertas de la cárcel se abrieron de par en par. Los que estaban allí dentro pudieron salir por fin. Su alegría fue aumentando progresivamente al conocer los hechos acaecidos. En general, el ambiente que se respiraba en Calambur era de confusión. Las gentes sabían que habían sido libradas de la opresión de los Perros Negros pero no se atrevían a lanzar las campanas al vuelo.

Después les llegó el turno a los Maestros. Saulo esperó a las puertas del templo a que fueran saliendo poco a poco. Si había algo que deseaba con todas sus fuerzas era abrazar por fin al Filósofo. La plaza se fue llenando de ellos. Los pobres tenían aspecto de desvalidos y desorientados. Como niños recién despertados se frotaban los ojos. Habían estado tanto tiempo en la oscuridad de las catacumbas que tardaban en acostumbrarse a la luz. Su lenta salida fue contemplada por entero por Saulo. Uno a uno les fue reconociendo. El Físico, el Alquimista, el Botánico, el Literato...

El Filósofo parecía rezagado, quizá deseara salir el último. Saulo estaba impaciente por verle pero él no salía. Cuando ya estuvieron todos en la plaza Saulo empezó a buscar entre ellos al Maestro. Quizá no se había dado cuenta y había sido de los primeros. O quizá estaba mezclado con otros y no lo había distinguido... Tuvo que preguntar a unos cuantos de los que por allí estaban pero nadie le daba respuesta. Le miraban con tristeza. Saulo no se explicaba qué estaba pasando.

—¿No queda nadie? ¿Están seguros de que no queda nadie? —preguntó, alarmado—. Pero ¡no puede ser! ¡Tiene que faltar alguien!

El chico no quería ni pensarlo. La sola idea de que el Filósofo no hubiera sobrevivido le aterraba. Buscó una vez más entre los Maestros que se amontonaban en la plaza, les miraba a la cara fijamente, buscaba en sus facciones aquellas que deseaba ver. Fue inútil. Abatido y consternado se sentó en la escalinata de acceso al templo. Quería llorar con todas sus fuerzas pero hacía un gran esfuerzo por impedirlo. Uno de los Maestros se le acercó entonces. Era el Paleontólogo, uno de los mejores amigos del Filósofo.

–Saulo –le dijo–, toma.

Y le hizo entrega del bastón del Maestro.

–Él dijo que quería que lo conservaras tú.

Saulo cogió el bastón con pulso tembloroso. Al ver el búho grabado en la empuñadura recordó la expresión de estupefacción del Filósofo cuando recibió su particular regalo. Entonces Saulo dibujó en su cara algo parecido a una sonrisa.

* * *

La liberación de las Mujeres causó gran expectación. Todo el pueblo las esperaba a su salida de la casa en la que habían sido encerradas y maltratadas. Las seis salieron notablemente desmejoradas pero se les veía el esfuerzo por mostrarse lo más enteras posible.

Cuando ya estuvieron en libertad todos los que debían estarlo empezó lo más difícil. Las Mujeres, informadas por Judith, hablaron al pueblo y le hicieron ver las fatídicas consecuencias que había supuesto para todos el gobierno tiránico de los Perros Negros. Calambur volvía a experimentar otra vuelta de tortilla. El discurso se prolongó largo rato. Los calambureños escucharon atentos a las Mujeres. No hacía falta ser muy lúcido para darse cuenta de que sus palabras estaban llenas de razón. La respuesta de la gente no se hizo esperar y fue positiva. Bastó un aplauso como muestra de apoyo a lo dicho. Quizá Calambur no era un pueblo rico ni poderoso pero la libertad bien valía el sacrificio.

Los Soldados, por su parte, aunque más tercos, no tuvieron reparo en olvidarse de sus pretensiones militares y en reconocer públicamente el tremendo error cometido.

—Somos los primeros que debemos proteger nuestro pueblo y nos hemos dejado engañar para hacer todo lo contrario —dijo uno de ellos.

Las Mujeres quisieron hacer ver a todos que los Soldados estaban perdonados.

—En prueba de que confiamos en vosotros hemos pensado que el pueblo de Calambur merece emprender una nueva expedición allende los Mares.

Todo el mundo se alegró por la noticia. Saulo asistió como los demás a la restauración del orden tradicional en Calambur pero él tenía en su corazón un motivo de especial orgullo.

Al finalizar el acto las gentes fueron a sus casas a descansar merecidamente. Los Hombres de las Montañas, ya recuperados de sus heridas y curados de sus magulladuras, emprendieron el regreso a Valdar. José fue a despedirse de Saulo.

—Adiós, muchacho, ha sido un placer y un honor hacer esto contigo.

—Pero ¿qué dices? ¡No podéis iros ahora!

Saulo no podía admitir que volvieran a las montañas así como así.

—Vosotros habéis luchado contra los Perros Negros, os merecéis más que nadie quedaros aquí. Este pueblo os pertenece más que nunca.

José sonrió.

—Entiendo tus palabras pero dudo de que mis hombres las compartan. El sentimiento de rencor de alguno de ellos es más fuerte que cualquier otra cosa. No sufras, Saulo, nosotros volvemos a las montañas porque aquél es desde hace mucho tiempo nuestro pueblo.

Las Mujeres, avisadas por Judith, tomaron parte en el asunto.

—¿Es usted el hombre que dirigió a los Hombres de las Montañas en la lucha? —dijo una de ellas dirigiéndose a José.

Él contestó con humildad.

—Más o menos.

—Nos sentiríamos muy honradas de que compartieran con nosotras la celebración por el triunfo...

José no le dejó terminar la frase.

—Debemos irnos ahora. Nuestras familias y amigos nos esperan.

También las Mujeres le propusieron que se quedara con los suyos en Calambur, al fin y al cabo era su pueblo. José rechazó cortésmente la oferta en nombre de todos.

—Siempre tendremos Calambur en nuestros corazones. Ayudaros ha sido sólo un favor, no lo toméis como una muestra de afecto —dijo.

Y, dando la espalda a las Mujeres, se fue con sus hombres.

* * *

La fiesta en honor a los partícipes de la salvación de Calambur coincidió con otro acto de carácter más solemne. Se trataba de elegir sustituta para Edelvira, la traidora, como sería recordada para siempre. La decisión debía ser tomada en exclusiva por las Seis Mujeres. Después de que el pueblo retornara a la tranquilidad pudieron evaluar y sopesar tan difícil elección. Finalmente lo hicieron público. Una de ellas se encargó de ello.

—Tras considerarlo mucho hemos decidido que pase a formar parte de las Siete Mujeres una persona que ha cuidado mucho de Calambur y de sus gentes durante el asedio. Judith, por favor, ven aquí con nosotras.

Judith aceptó con gran complacencia su elección. Saulo, que no sabía nada, se llevó una buena sorpresa. Las primeras palabras de Judith como una de las Siete Mujeres fueron:

—Espero que a partir de ahora sigamos siendo el pueblo honrado y digno que hemos sido siempre.

El pueblo acogió a Judith entre aplausos y felicitaciones. Ella había hecho mucho por mantener el espíritu de concordia y la tranquilidad mientras los Perros Negros detentaban el poder.

Fue la propia Judith la que se encargó de dar por empezada la fiesta en honor a los jóvenes héroes. Acto seguido buscó a su hijo y lo acogió con un cálido abrazo.

—Estoy contento por ti, madre. Sé que serás una buena Mujer.

Judith apretó más fuerte a Saulo contra su pecho. En aquel momento lo único que deseaba era tenerle a su lado.

En un rincón de la plaza Abel y su padre brindaban el uno por el éxito del otro. El de Abel, por su valentía, el de su padre, por su acertada renuncia. Más allá Marcos tomaba tímidamente la mano de su novia. El padre de ella los miraba con cierta inusual condescendencia. Laura, acompañada por sus padres, disfrutaba también del homenaje. Quizá de lo que más orgullosa se sentía era de verles juntos sin discutir por su futuro.

Así, entre fiestas, celebraciones y homenajes el pueblo de Calambur retornó a la normalidad. La primera medida que se tomó fue, por supuesto, la reinstauración en su totalidad de la Ley Sagrada. Eso suponía, entre otras cosas, la prohibición taxativa de las actividades pesqueras. Aquello produciría nefastas consecuencias en la economía de Calambur. Sobretodo considerando el mal estado de los cultivos y la escasez de ganado. Pero no sería la primera vez que se verían en dificultades de aquel tipo. Pasarían una buena temporada apretándose el cinturón, como se decía vulgarmente, pero el sacrificio bien valía la reconciliación con los Dioses.

* * *

Llegó la Noche. Llegó el Día. Y de nuevo la Noche. Y otra vez el Día. Y así tantas veces como fue necesario hasta que Calambur se repuso totalmente de sus heridas. Tanto fue así que el inicio de la nueva expedición se adelantó bastante a lo previsto. Los barcos que participaban en ella eran el Magallanes y el Colón, convenientemente reparados y mejorados. Como ayudante de uno de los capitanes al mando nada menos que Abel.

En el pueblo los cambios eran más que notables. La Nueva Academia estaba siendo construida, las catacumbas del Templo habían sido transformadas en lugar de meditación y la cárcel se había convertido en un edificio destinado a la rehabilitación de personas con problemas.

Saulo fue a la playa con Laura para despedirse de los tripulantes de la expedición. Judith, junto con las otras Mujeres, también acudió. Marcos, agarrado del brazo de la que por fin era su mujer, no faltó a la cita.

Hacía ya mucho tiempo que la Ciudad de Agua se había sumergido por última vez tragándose para siempre a los tiranos que sometieron a Calambur y ya faltaba poco para que, de nuevo, emergiera.

Los barcos zarparon entre gritos de alegría y aplausos. Saulo, que cogía la mano de Laura, no podía evitar mirar el horizonte y recordar a su buen Maestro. Un par de lágrimas brotaron de sus ojos y no impidió que se deslizaran por sus mejillas.

Al igual que todos los demás, Saulo tenía el alma llena de esperanzas al ver aquellos navíos avanzando sobre un mar de sueños.

Un porcentaje de los beneficios de este libro irán destinados a
La Corporación Retoños, preocupada por el impulso y la
participación de los procesos colectivos inspirados en la cultura
de la no violencia y en el desarrollo humano sostenible de
poblaciones en situación de vulneración o riesgo.

CORPORACIÓN Retoños